外国人人材向け　介護導入講習テキスト

やさしい日本語とイラストで学ぶ

みんなの介護

編著　堀 永乃　一般社団法人グローバル人財サポート浜松 代表理事

日本医療企画

はじめに

　2018年12月、日本政府は、いよいよ海外諸国からの「労働者」に門を開けました。これが入管法（出入国管理及び難民認定法）の改正です。1990年以来となる大きな出来事であると私は思いました。当時、製造業は人手不足でした。そのため自動車産業を中心に、日系人（日本にルーツのある外国人）であるブラジルやペルー、ボリビアなどの南米からの外国人労働者が数多く日本に入国しました。そのため、私が住む浜松市でも1994年以降、ブラジルを中心とした外国人労働者の数が増加の一途をたどり、浜松市は独自に外国人施策を進めて来ました。

　言葉や文化の違いから、ゴミ出しのルールや社会保険・国民保険の加入、納税など、様々な問題が生じました。そのため、多言語での情報提供や日本語教室の設置、ボランティアの育成、通訳の配置など、外国人を取り巻く課題を一つ一つ解決するための方策を行ってきました。特に力を入れたのは、外国人を受け入れる日本人側の意識の醸成です。それは、日本人が外国人も同じ町の住民で、同じ社会を構成し、地域社会の担い手であるという意識を持つようにすることでした。

　これから、日本では、ますます全国的に外国人のみなさんに活躍してもらわなければならない時代がやって来ます。私たちの地域にやって来てくださったみなさんを、同じ社会の担い手として受け入れることができるよう、私たち日本人は努力が必要です。しかし、これから各地域で頑張ろうとしている外国人のみなさんにも、あなたが働く施設とその施設がある地域を大切に思ってほしいと思います。その地域は東京のように都会ではないかもしれません。でも、そこに住む人たちにとっては、とても大切な地域です。だから、みなさんにとってもその地域やそこに住む人たちを愛してほしいのです。

　私もあなたも同じ、地球の市民として、ともにより良い未来を創りましょう。あなたが私たちの大切な日本を選んでくれて本当によかった！

In December 2018, the Japanese government finally opened the door to "immigrants" from overseas countries. This was amendment to the Immigration Control Act. It was the first major change to happen since 1990. At that time the manufacturing industry was short of people. As a result, many temporary workers from South American countries, such as Brazil, Peru, Bolivia, etc. who had Japanese ancestry entered Japan, mainly joining the automobile industry. Particularly in Hamamatsu City where I live, the number of foreign workers, mainly from Brazil, has increased steadily since 1994, and for that reason, Hamamatsu City has independently promoted foreign policy measures.

Due to differences in language and culture, various problems concerning things like garbage disposal rules, signing up for social insurance, taxes, etc., have occurred. For this reason, we have taken measures to solve each problem immigrants to Japan may encounter by providing information in multiple languages, setting up Japanese classes, training volunteers, arranging interpreters, and so on. Particular emphasis was placed on raising the awareness of Japanese residents living in the main areas where foreign workers have settled. This was in order to foster understanding among Japanese people that the foreign residents are members of the same town, that they make up the same society, and that together they are all responsible for the local community.

From now on throughout Japan, immigrants will surely play a bigger role in society. Our Japanese people need to make efforts to accept foreign residents into their area and acknowledge them as members of the same society. I also hope that people from overseas looking to find new opportunities in Japan will do their best to respect the communities in which they live and work. The area may not be a big city like Tokyo, but for the people who live there and are from there, it is still a very important place. I sincerely hope foreign workers and residents will come to love the areas in which they live, as well as the people that live there.

As citizens of the Earth, let's create a better future together. I am truly delighted and honored that you have chosen our beloved Japan!

一般社団法人グローバル人財サポート浜松 代表理事　堀　永乃

目次

- はじめに　ii
- 本書の特長と使い方　viii
- 主な登場人物　x
- 主な登場人物の紹介　xi

第1章　介護の基本Ⅰ・Ⅱ

1　介護の基本Ⅰ ……………………………………………… 2
　1）介護職の役割 ……………………………………………… 2
　　コラム　強い心と優しい気持ちで介護の仕事を楽しくしましょう …… 6
　2）介護職の職業倫理 ………………………………………… 7
　3）介護における安全の確保とリスクマネジメント ……… 10
　4）介護職の安全 ……………………………………………… 15
　　コラム　医行為はできますか？ …………………………… 18
　5）介護過程 …………………………………………………… 19
　6）介護における尊厳の保持・自立支援 …………………… 23

2　介護の基本Ⅱ ……………………………………………… 27
　1）からだのしくみの理解 …………………………………… 27
　2）介護を必要とする人の理解 ……………………………… 32
　　a. 老化の理解 ……………………………………………… 32
　　b. 認知症の理解 …………………………………………… 37

c. 障害の理解 ……………………………………………………… 42
　　　コラム 利用者さんの家族になった気持ちで介護を ……………… 44

第2章 コミュニケーション技術

1 コミュニケーションの意義と目的 …………………………… 48
2 コミュニケーションの基本的技法 …………………………… 52
　　コラム 仕事をする時に「ホウ・レン・ソウ」は大切です ……… 55
3 形態別コミュニケーション …………………………………… 56

第3章 移動の介護

1 移動の意義と目的 ……………………………………………… 62
2 基本的な移動の介護 …………………………………………… 67
　　1）体位変換 …………………………………………………… 74
　　2）移動（歩行、車いす移動等） …………………………… 80
3 移動介助の留意点と事故予防 ………………………………… 91

第4章 食事の介護

1 食事の意義と目的 ……………………………………………… 96
2 基本的な食事の介護 …………………………………………… 101
　　コラム 介護は利用者さんのために ……………………………… 105
3 食事介助の留意点と事故予防 ………………………………… 106

第5章 排泄の介護

- 1 排泄の意義と目的 ……………………………………… 108
  - コラム 仕事をもっと良くするための5S ……………………… 112
- 2 基本的な排泄の介護 …………………………………… 113
  - ポータブルトイレ／便器・尿器／おむつ
  - コラム 「だいじょうぶ」は本当にだいじょうぶな時に使いましょう … 115
- 3 排泄介助の留意点と事故予防 ………………………… 121

第6章 衣服の着脱の介護

- 1 身じたくの意義と目的 ………………………………… 124
- 2 基本的な着脱の介護 …………………………………… 129
- 3 着脱介助の留意点と事故予防 ………………………… 135
  - ●知っておきたい介護「整容」 ………………………………… 137

第7章 入浴・身体の清潔の介護

- 1 入浴・身体の清潔の意義と目的 ……………………… 140
- 2 基本的な入浴の介護 …………………………………… 145
  - 1）特殊浴槽 ………………………………………………… 150
    - コラム コミュニケーションは時間をかけて ………………… 153
  - 2）チェアー浴 ……………………………………………… 154
  - 3）一般浴槽 ………………………………………………… 155
- 3 入浴以外の身体清潔の方法 …………………………… 159

　　　　1）足浴・手浴 ……………………………………………… 159
　　　　2）身体清拭 ………………………………………………… 160
　4　褥瘡の予防 …………………………………………………………… 166
　　　　コラム　利用者さんとお別れの悲しみを乗り越えて …………… 168
　5　入浴・身体清潔の介助の留意点と事故予防 ………………… 169

第8章　その他の介護

　1　口腔ケア ……………………………………………………………… 172
　2　看取り ………………………………………………………………… 177

・確認テスト　181
・資料編　183
　　　介護の場面で使うものの名称　185
　　　日本の行事・しきたり　188
　　　介護記録表の読み方　194
　　　薬の種類と剤型　196
・おわりに　198
・索引　199

本書の特長と使い方

● 大きな字で、ふりがなをつけました

　大きな文字にして、漢字にはすべて、ふりがなをつけています。また、本文を分かち書き（意味の区切りにスペースを入れる）で、読みやすくしています。

● 学習の方法をアイコンで表しました

▶読む
読んで学習します。

▶考える
読んで学習したことを考えます。自分の国の言葉で考えても良いです。

▶聞く
周りの人に聞いて学びます。日本語で話しましょう。

▶行う
練習します。

▶ロールプレイ
実際の場面を想像して練習します。声かけの方法を学びます。

▶書く
今日の勉強について、わかったことや考えたことを書きます。

● ロールプレイの場面はイラストで表しています

　介護の場面はイラストで表しているので、わかりやすく、考えやすくなっています。

● **書き込めるスペースをたくさんつくりました**

学んだこと、考えたこと、覚えておきたいことなどを書きます。
ワークブックとしても活用してください。

● **事故予防の視点**

学びやすいようにチェックリストとしてまとめました。
1回、2回と繰り返して確認しましょう。

● **介護をするときに大切なことを紹介しています**

介護の仕事をする時に大切なことをコラムに書きました。また、この本の最後に資料編をつけました。介護の場面でよく使う物の名前や日本の文化、習慣について、紹介していますので、活用してください。

● **学習の進め方**

最初に、なぜこの学習が必要なのかを学びましょう。
そして、介護を行うための技術と知識を覚えます。
学んだこと、考えたことなどを書きます。
書いた後も、振り返り、学習するようにしましょう。

● **介護導入講習の教育課程をもとにつくりました**

このテキストは日本で公表されている42時間の介護導入講習教育課程をもとに制作しています。
ここで学ぶものは介護の仕事の全体の一部ですが、介護の仕事の勉強は、初任者研修、実務者研修などで、もっとたくさん学ぶことができます。挑戦してみてください。

主な登場人物

特別養護老人ホーム　まどか

施設長
小杉山さん

フィリピンからやってきた
カレンさん

先輩
佐藤さん

利用者
田中ハル子さん

利用者
鈴木信男さん

デイサービス　ひだまり

中国からやってきた
キムさん

利用者
高木大二郎さん

主な登場人物の紹介

カレンさん
フィリピンから日本へ来ました。技能実習生です。23歳です。特別養護老人ホームまどかで働いています。明るくて、元気な人です。フィリピンの家族は、父、母、妹の4人です。週末、家族とSNSで電話をします。

佐藤さん
特別養護老人ホームまどかの介護職員です。カレンさんの先輩です。カレンさんに仕事を教えます。とても優しい人です。

田中ハル子さん
特別養護老人ホームまどかの入居者です。83歳です。要介護4です。3年前に大腿骨頸部を骨折しました。いつも車いすに乗っています。左片まひです。認知症ではありませんが、物忘れは多いです。優しくて、静かな人です。8年前に夫は亡くなりました。子どもは娘一人で、遠くに住んでいます。

鈴木信男さん
特別養護老人ホームまどかの入居者です。76歳です。要介護3です。脳梗塞で、高血圧症です。認知症です。建設会社の社長でした。少し厳しい人です。ピーマンが好きではありません。妻は市内の自宅に一人で住んでいます。子どもは息子が二人います。息子は市内に住んでいます。

小杉山さん
特別養護老人ホームまどかの施設長です。カレンさんは、施設の仕事で問題があった時、いつも小杉山さんに報告と相談をします。時々、面白い話をします。

キムさん
デイサービスひだまりの介護職員です。中国から来ました。技能実習生で、2年前に日本へ来ました。

高木大二郎さん
デイサービスひだまりの利用者です。70歳です。要介護1です。昨年、肺がんで手術をしました。そのあとから体が弱くなって、うまく歩くことができません。いつも杖を使って歩きます。キムさんとカレンさんのアパートの隣に住んでいます。お風呂に入ることが好きです。息子の家族と一緒に住んでいます。

第1章

介護の基本 I・II

1 介護の基本Ⅰ

1）介護職の役割

　介護は、身体障害や知的障害、精神障害、高齢療養者、虚弱高齢者、認知症高齢者などの　障害のある人に　行います。障害のある人は　自立することが　難しいので、日常生活を　手伝います。介護は、食事、入浴、排泄などの　身体介護だけでは　ありません。介護職員は、利用者の状態に　合わせて、利用者のこころに　寄り添って、利用者の居室の環境や　ご家族のことなども　考えます。つまり、介護は　利用者に　一人一人　異なる介護を　行います。

　専門的な介護は、介護を受ける人が　自分で納得して　満足する生活が　できるように「生活を支える」ことです。そのため、技術も必要です。利用者に　さまざまな介護が　必要ですから、その利用者の　こころとからだの状態を　しっかりと確認し、計画的に　介護をすることが　できるようにしなければなりません。

●介護職の役割
1. 利用者の尊厳と　基本的人権を　尊重すること
　　すべての人は　平等で、差別されては　いけません。
2. 利用者の自立（自律）を　支援すること
　　相手の気持ちを　大切にしながら、その人の能力を　活かして　生活できるように　手伝うことです。その人自身の　精神の自立を　支えることが　重要です。
3. 利用者の自己実現を　支援すること

相手の人生を 尊重します。これまで どのように生きてきたのか、どのような文化や習慣を 持っているのか、相手の価値観を 大切にしなければなりません。そして、どのような人生を 送りたいのか、その人が 持っている能力を どのように引き出すことができるのかを考えて、その人の生活になるように 支えます。

4. ノーマライゼーションを 実現すること

障害があってもなくても、誰もが参加でき、差別や偏見がなく、普通に 安心して暮らすことができる社会を 目指します。介護が 必要になると、自分一人でできたことが できなかったり、自由に 動けなくなったりします。そのため、その人の尊厳が 傷つけられます。だから、QOL（Quality of Life）を大切にして、その人らしく 生きることが できるようにします。

 考えましょう

1. あなたは どのような人に 介護をしてほしいですか。

2. あなたは どうして介護職員に なりたいですか。

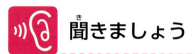 聞きましょう

隣の人に　聞いてください。

1．あなたは　誰に　介護をしてほしいですか。

2．介護は　誰のために　何をする仕事ですか。

 ロールプレイ

1．田中ハル子さんは、今日から　施設に入ります。少し心配な顔を　しています。

　　田中さんに　話しかけてください。

2. 鈴木信男さんは、今、自分の居室が わかりません。施設の廊下を 行ったり来たりしています。どのように声をかけますか。

 書きましょう

今日は 何を勉強しましたか。何が大切ですか。何をしなければなりませんか。どう思いましたか。

> **Column 強い心と優しい気持ちで介護の仕事を楽しくしましょう**
>
> 「日本で介護の仕事をしたいです」と言いました。
>
> あなたの国と日本は、言葉も、文化も、気候も違います。しかし、あなたは日本を選びました。これから、どんな施設で、どんな利用者さんと出会うのでしょうか。どんなことが起きるのでしょうか。あなたは、不安と緊張の気持ちだと思います。
>
> 施設のみなさんは、あなたが日本を、あなたが働く施設を、選んだことをとてもうれしいと思っています。施設のみなさんも、不安な気持ちやうれしい気持ちでドキドキしています。あなたと同じ気持ちです。しかし、あなたを受け入れるために、一生懸命に準備をしていますし、一日も早くあなたに会いたいと思っています。
>
> お互いに文化が違いますから、あなたが仕事の時だけではなくて、日本での生活でも、時どきわからないことや困ることがあります。しかし、一人で悩まないでください。あなたが悩んでいる時は、施設の人も同じです。その時は、通訳の人に相談したり、同じ国の先輩などに相談したり、しましょう。
>
> あなたが、介護の仕事が楽しくなるように、私たちも応援しています。どうか、強い心と優しい気持ちを持って、介護の仕事をがんばってください。
>
> We are so proud of you. Work hard, study hard and enjoy your work!!

2）介護職の職業倫理

　介護職員と 利用者の関係は「介護をする人」と「介護される人」ですが、人間関係は 対等でなければなりません。そのため、介護職員は、自分の行動や感情、言葉遣いを 厳しくコントロールしなければなりません。

●介護職の心得
　より良い介護を するために 介護職員は
1．思いやりを持つ
2．プライバシーを守る
3．誠実である
ことが 大切です。
　利用者の生活と人生は 利用者のものです。利用者が 自分で選び、自分で決めることが できるようにします。
　また、利用者が本当にしてほしい介護は 何かを考え、利用者の権利や要望を 利用者の代わりに 言うこともあります。そして、利用者のプライバシーを 守ります。
　さまざまな介護が 必要ですから、医師や看護師、理学療法士、歯科衛生士、管理栄養士などの人たちと 協力します。それから、地域の福祉ネットワークを 作っていく役割があります。
　介護職員として、介護の知識と技術を 高めることができるよう 努力します。後輩も 育てていきましょう。

考えましょう

1. あなたのお父さんは 認知症になりました。あなたは 誰に そのことを 話すことが できますか。

2. どうしてプライバシーを 守らなければなりませんか。

聞きましょう

隣の人に 聞いてください。
1. 利用者の プライバシーは、何ですか。

2. 「思いやり」は、何ですか。

ロールプレイ

1. 高木大二郎さんは、うまく歩くことができません。昨日、まどかホームの音楽会に 行く時、施設の玄関で 転んでしまいました。あなたは、高木さんのことが 心配です。どうしますか。

2．今日は、雨が　降っています。少し寒いです。あなたは、田中ハル子さんに　シャツを着てほしいと　思っています。しかし、田中さんは「着たくない」と言います。どうしますか。

 **書きましょう**

今日は 何を勉強しましたか。何が大切ですか。何をしなければなりませんか。どう思いましたか。

_____
_____
_____
_____

 3）介護における安全の確保とリクスマネジメント

介護の時に 起きる事故や災害は、重大な問題です。利用者と 介護職員のこころや からだの健康と 安全を守るために、リスクマネジメントをします。感染症の予防や対策も 大切です。

●事故を防ぐ

事故や災害により、人はけがをします。利用者の安全を しっかり守ることと 介護職員の安全も 守らなければなりません。

ハインリッヒの法則：すべてのアクシデントには、たくさんの不安全行動（unsafe practices）と 不安全状態（unsafe conditions）があります。

ハインリッヒの法則
- 重傷害 1
- 軽傷害 29
- 無傷害 300
- ヒヤリ・ハット
- 不安全行動・不安全状態

例えば、施設のろうかが ぬれています（不安全状態）。ろうかで、走って（不安全行動）は いけません。転んで倒れますから、危ないです。ろうかを 掃除しなければ なりません。そして、走らないようにします。

そして、事故を防ぐために ヒヤリ・ハット（near misses）体験を考えて、安全を守りましょう。

高齢者の利用者は、目が見えにくく、耳が遠くなり、からだも すぐに動かすことができません。良いかどうかを 判断することに 時間がかかります。

介護事故が起こった時は、利用者や ご家族の気持ちを 考えましょう。相手の気持ちに なることが 大切です。そして、事故は いつ、どこで、どのように起きたのか、しっかり原因を 確認して 記録します。どうしたら 事故を防ぐことが できたでしょうか。何をしなければならなかったのでしょうか。しっかり考えましょう。そのあと、利用者に どのように対応をしたのか、家族に 説明しなければなりません。介護は チームですから、一人で 対応してはいけません。責任者に相談して、指示に従って 対応してください。

● **感染症を予防する**

感染症は インフルエンザや疥癬、〇157、ノロウイルスなどの 食中毒などの病気に なることです。感染症にならないために、

1. 感染源（ウイルスや細菌をもつ人（患者、保菌者）や 物（排泄物、食品））の排除
2. 感染経路（ウイルスや細菌が 体内に 入る方法：飛沫、接触、経口感染）を遮ること（病原体を 持ち込まない、広げない、持ち出さない）
3. 栄養や休養、予防接種などで 人間の抵抗力を 向上させることが大切です。

感染症の予防のために、介護の仕事をする 前と後の手洗いと うがい、汚物を 扱う時などは 手袋をつける、マスクをしなければなりません。特に 手洗いは 重要なポイントです。

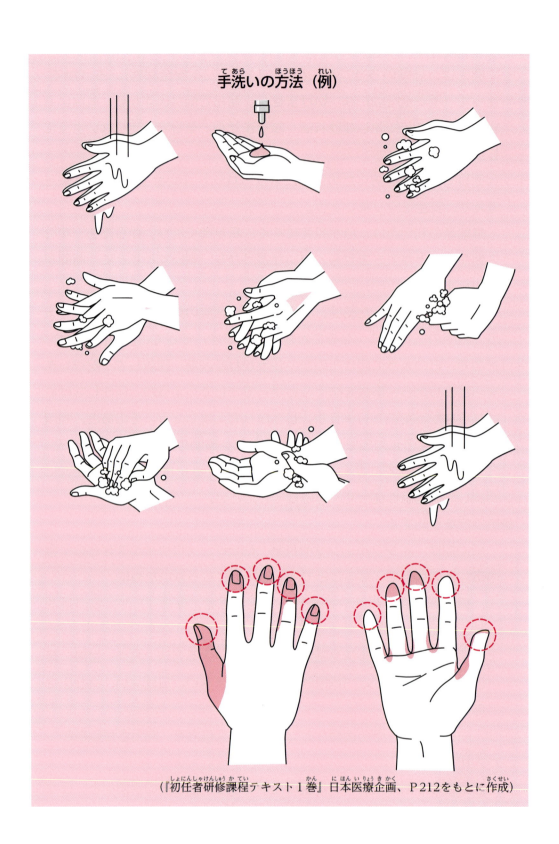

手洗いの方法(例)

(『初任者研修課程テキスト1巻』日本医療企画、P212をもとに作成)

考えましょう

1. なぜ、リスクマネジメントを しなければなりませんか。

2. 感染症の予防のために 何をしますか。

聞きましょう

隣の人に 聞いてください。

1. 事故を防ぐために 何をしますか。

2. あなたは 介護をしていましたが、利用者が 車いすから 落ちてしまいました。あなたは 何をしなければなりませんでしたか。

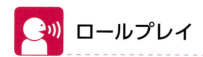 **ロールプレイ**

1．レクリエーションの時に、女性の利用者さんが 投げたボールを取ろうとして、鈴木信男さんが 手を 伸ばしたら、いすに 座ったまま倒れてしまいました。ケガはありません。

①原因を 確認してください。

------

②小杉山施設長に 説明してください。

------

③どうして転んでしまいましたか。レクリエーションの前に 何を注意しなければならなかったのか 小杉山施設長に 話してください。

 書きましょう

今日は 何を勉強しましたか。何が大切ですか。何をしなければなりませんか。どう思いましたか。

4）介護職の安全

　介護職員の健康と　安全を守ることは、介護の現場で　とても　重要なことです。そのため、新しく　介護の仕事を　始める人に、安全や衛生のために　必要なことを　教えなければなりません。定期研修も　行います。それから、施設は、介護職員に　マスクや手袋を　つけるようにして　感染症の予防をします。そして、体重が重い、からだが大きいなどの利用者は　二人で　移動介助をするなど　腰痛の予防もします。介護職員の　こころの健康のための　メンタルヘルスケアをします。

●メンタルヘルスケア
　ストレスの要因は、仕事では、①働く時間が　長い、②特に　こころの負担が　大きい仕事の内容、③職場の人間関係が　悪くなること、④職場の異動による　環境の変化などです。家庭や個人では、①経済的な問題、②本人や家族の健康、③家庭内の人間関係、④家族の病気・ケガ・介護、⑤子どもの教育・進路などがあります。ストレスが原因で　精神疾患になったり、生活習慣病に　なったりすることがあります。
　メンタルヘルスケアは、4つのケアで行うことが重要です。
①セルフケア（自分でストレスを解消します）
②ラインによるケア（管理監督者が　仕事の環境や方法、時間などの　問題を改善し　相談に対応します）
③事業場内産業保健スタッフなどのケア（産業医による　専門的なケア）
④事業場外資源のケア（事業所の外にいる　専門家や専門機関のケア）

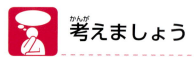 **考えましょう**

1．あなたは　どのような時に　ストレスを感じますか。

2．あなたのストレス解消法は　何ですか。

 聞きましょう

隣の人に　聞いてください。
1．今まで、一番ストレスを　感じたのは　どのような時ですか。ストレスで　からだやこころが　苦しかったことは　ありますか。

2．そのストレスは、どのように解消しましたか。

 ロールプレイ

1．同じ施設の佐藤さんが、あまり元気がありません。とても疲れています。あなたは、佐藤さんに　何と　声をかけますか。

2．母国の母親が 重い病気になったと 電話がありました。とても心配ですから、仕事に集中することができません。あなたは、どうしますか。

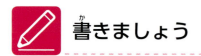 書きましょう

今日は 何を勉強しましたか。何が大切ですか。何をしなければなりませんか。どう思いましたか。

Column: 医行為はできますか？

●医行為
医行為は、医師や看護師などの 資格を持っている人が、診療の補助として 行ったり、医師の指示で 行ったりすることができるものです。

介護現場で想定される主な医行為

注射 　　痰の吸引 　　服薬 　　経管栄養

●非医行為
医師・看護師のもとで 行うことができる 医行為でないものです。

電子体温計による測定 　　自動血圧測定 　　カテーテルの用意 　　点眼

（『介護のしごと』日本医療企画、P35より）

5）介護過程

　介護は 利用者が「その人らしく」過ごせるように 支援をしていくことが 求められます。そのため、その人に どのような介護が必要なのか、なぜ その方法で 介護をするのか、根拠や理由をはっきりしなければなりません。介護過程は、まず 介護職員が 利用者の状態を 見て、利用者のできることや できないことを 明らかにする「アセスメント」から、「介護計画を立てること」をして、介護を「実施」して、利用者の状態の 変化を「評価」する プロセスのことです。

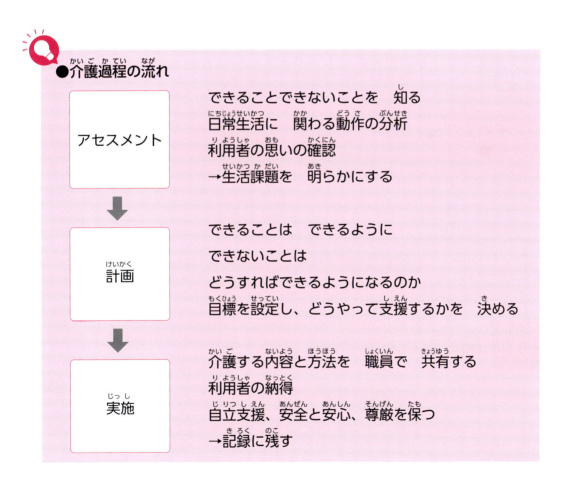

●介護過程の流れ

| アセスメント | できることできないことを 知る
日常生活に 関わる動作の分析
利用者の思いの確認
→生活課題を 明らかにする |

| 計画 | できることは できるように
できないことは
どうすればできるようになるのか
目標を設定し、どうやって支援するかを 決める |

| 実施 | 介護する内容と方法を 職員で 共有する
利用者の納得
自立支援、安全と安心、尊厳を保つ
→記録に残す |

評価	計画通りに 実施しているか 目標の達成度は どうか 介護内容、方法は 正しかったかどうか 新たな課題や できることはないか →再アセスメントに生かす

 考えましょう

1. アセスメントは 何ですか。

　

2. その人らしく ケアをするということは、どういうことですか。

 聞きましょう

隣の人に 聞いてください。

1. あなたの家族が 介護サービスを 受けることになりました。どのような介護を してほしいですか。

------

2. アセスメントをする時に 大切なことは 何ですか。

 ロールプレイ

1. 鈴木信男さんの介護計画をつくるために、アセスメントを して ください。

鈴木信男さん
特別養護老人ホームまどかの入居者です。76歳です。要介護3です。脳梗塞で、高血圧症です。認知症です。建設会社の社長でした。少し厳しい人です。ピーマンが好きではありません。妻は市内の自宅に一人で住んでいます。子どもは息子が二人います。息子は市内に住んでいます。

------

2. 高木大二郎さんが デイサービスに 通うことになりました。どのような介護が 必要だと思いますか。

高木大二郎さん

デイサービスひだまりの利用者です。70歳です。要介護1です。昨年、肺がんで手術をしました。そのあとから体が弱くなって、うまく歩くことができません。いつも杖を使って歩きます。キムさんとカレンさんのアパートの隣に住んでいます。お風呂に入ることが好きです。息子の家族と一緒に住んでいます。

書きましょう

今日は 何を勉強しましたか。何が大切ですか。何をしなければなりませんか。どう思いましたか。

6）介護における尊厳の保持・自立支援

　人の生活と　人生は、その人のものです。だから、利用者本人が、どのような生活を　送りたいかを考えて、決めます。たとえ　小さなことでも、利用者に　決めてもらって、それを　介助することが　大切です。

　そして、性別、年齢、社会的地位、宗教などにかかわらず、人は誰もが　平等に　人間としての尊厳を　尊重されなければなりません。利用者の自立支援は、相手の気持ちを　大切にしながら、その人の能力を　活かして、生活できるように　手伝うことです。たとえ　障害や病気があったとしても、利用者が　その人らしく　満足した日々を過ごせるように、自分の意思で　生きていくことが　できるように、その人が　生きていることに　喜びを感じることができるように介護します。

　例えば、死にゆく人は、できるだけ長く生きていたい（延命治療）、できるだけ苦しまないで　死にたい（苦痛緩和）、最期まで自分らしくありたい（自己実現）という　思いがあります。終末期ケアは、近い将来、死ぬ人に、安らかに安心して　あの世に旅立つことができるように　こころもからだも介護することです。死にゆく人の　尊厳を守ります。

●4つのバリア
①物理的バリア：車いすの人や　足の不自由な人が、道に　段差があるため　スムーズに通れないこと
②制度のバリア：障害が　あるかないかで、就職や資格を　取る時に

制限されること
③情報のバリア：新聞が 読めない、言葉が わからないなど、情報が もらえないことや 情報がないので 文化活動の機会を 持つことが できないこと
④意識のバリア：バリアフリーに 対する認識や、高齢者・障害者への 理解や関心がないこと

自己選択・自己決定：自分で 何かを選んだり、決めることです
残存能力：障害のある人が、残された機能を 用いて、発揮することが できる能力のこと
高齢者虐待：家庭内や施設内での 高齢者に対する 虐待行為のこと

考えましょう

1．あなたは、どのように「死にたい」ですか。

2．あなたが 日本で 働くことを 誰が 決めましたか。

聞きましょう

隣の人に 聞いてください。
1．なぜ、あなたは 日本で介護の仕事をしようと 思いましたか。

2．自立支援は 何のことですか。

 ロールプレイ

1．施設の朝礼で、小杉山さんが「鈴木さんは『毎回、食事の 盛り付け量が、他の入居者よりも 少ない。職員に『他の人と 同じにしてほしい』と伝えたが、聞いてもらえない。また、職員が 自分に聞こえるくらいの 声の大きさで、他の入居者に 自分の悪口を 言っている。とても嫌な気持ちになる。もう、ここには いたくない。早く 他のところに 移りたい』と言っています。職員の虐待でしょうか。原因を 考えてください」と言いました。あなたは どう思いますか。そして、どうしますか。

2．高木大二郎さんは デイサービスひだまりに 通っています。高木さんは、キムさんに「早く死にたい」と いつも言います。他の利用者さんも いますから、「死にたい」という言葉を 言ってほしくないです。あなたは どうしますか。

 書きましょう

今日は 何を勉強しましたか。何が大切ですか。何をしなければなりませんか。どう思いましたか。

2 介護の基本 Ⅱ

 1）からだのしくみの理解

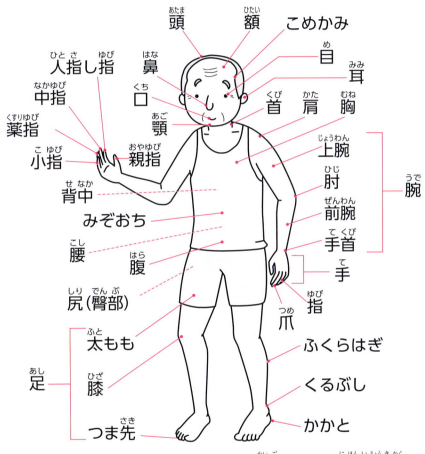

（『介護のしごと』日本医療企画、P123より）

　バイタルサインは、体温、脈拍、血圧、呼吸のことです。利用者のからだの状態を　知ることが　できます。利用者の平均値を　知っておくことが　重要です。

	成人	高齢者
体温	36.5〜37.0℃	約36〜36.8℃、35℃台になることもある
脈拍	60〜80回/分	50〜60回/分、不整脈が ある時もある
血圧	120/80mmHg未満	140/90mmHg未満、 家庭では135/85mmHg未満
呼吸	12〜20回/分	減少

血圧は、出血があると 血圧が下がり、点滴で 血液量が増えると 血圧が 上がります。また、呼吸や立っているか 寝ているか、食事、運動、不安や緊張、気温、喫煙、入浴に 影響を受けます。

人体の骨格と関節

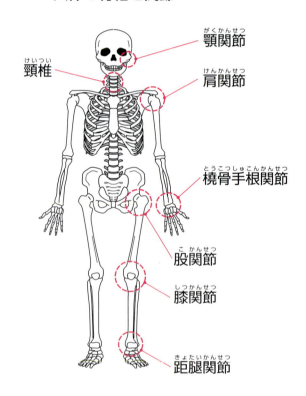

● 言葉の説明

自律神経：呼吸、脈拍、血圧、体温、発汗、排尿、排便など、生命の働きを 調節します。自律神経には、からだを活発にする 交感神経と からだを安静にする 副交感神経があります。

医行為：注射、たんの吸引、服薬、経管栄養は、医師や看護師などの資格を 持っている人が、診療の補助として 行ったり、医師の指示で 行ったりすることができます。たんの吸引と経管栄養は 介護職員も 研修を受けると 行うことができます。

非医行為：電子体温計による測定、自動血圧測定、カテーテルの用意、点眼は 医師や看護師のもとで 行うことができます。

 考えましょう

あなたは これまで どのような時に 熱を出しましたか。その時、どうしましたか。

 聞きましょう

隣の人に 聞いてください。
介護職員ができる医行為は 何ですか。

 やってみよう

隣の人の脈拍、血圧、呼吸を 測ってみましょう。

 ロールプレイ

1. キムさんが 高木さんの体温を計りました。
   体温は 37℃です。脈拍は 65回でした。
   看護師さんに 報告してください。

2．佐藤さんが「鈴木さんの点眼をしてください」と言いました。あなたは 点眼をすることができますか。どうしますか。

✎ 書きましょう

今日は 何を勉強しましたか。何が大切ですか。何をしなければなりませんか。どう思いましたか。

2) 介護を必要とする人の理解

a. 老化の理解

人は年をとると、こころとからだが　変化します。

●**観察のポイント**

①体温：いつも決まった時間に　測定します。36.5〜37℃が　平熱で、37.1℃以上は発熱、35℃以下は低体温です。38℃以上は　高熱です。

②血圧：自動血圧測定器で　測定します。測定の時間帯や天気、運動などで、数値は　上がったり下がったりします。

③呼吸：回数、深さの変化、リズムの乱れを　見ます。一般的に　1分間に　12〜20回呼吸します。

④脈拍：人差し指、中指、薬指の3本を　そろえて、血管に沿って軽く当てて　測定します。一般的に　1分間に60〜80回です。

⑤意識：手足の動きが悪い、ろれつが回らない、頭を痛がるなどで意識を　確認します。意識障害は、緊急の対応が　必要です。

⑥表情・顔色：顔色はどうか、苦痛や不安な顔を　していないか、ぼんやりしていないか、意識はあるかを　確認します。

⑦口・嚥下：舌や口の中が　乾いていないか、歯茎が　腫れていないか、出血していないか、口臭が　強くないか、飲食物を　飲み込むことが　できているか、注意して　見ます。

⑧尿・便：尿の量は　多いか少ないか、腎臓の病気か、便は、便秘か下痢などの問題は　ないかを　見て、報告書に　記録します。

⑨浮腫（むくみ）：指で　肌を押すと、へこみができます。寝たきりの人は、背中側も　確認します。

⑩しびれ：ビリビリ、ジンジン、という感覚があるか。部位、頻度、時間帯、状況なども 確認します。

⑪言語機能：言葉を 話せない「失語症」や、正しく発音できない「構音障害」がないかを 確認します。

⑫視力：充血・目やに・涙・まぶたのむくみがないか、白目は黄色くないか、物がかすまないか、どのくらい 見ることができるのかを 確認します。

⑬聴覚：電話に 気がつかない、話し声やテレビの音量が とても大きい、聞き間違いが 多いかどうかで 確認します。

⑭関節：関節が 突っ張るような痛みや 腫れはないか、立ったり座ったりする時に 膝の内側が 痛くないかを 確認します。

⑮脱水：皮膚が 乾燥していないかを 見ます。

⑯睡眠：日中の生活に 元気があるかないか、日中 いつも眠っていないかなどを 見ます。

⑰食事：毎日の食事内容は バランスが 取れているかを 確認します。食欲がないと たんぱく質やエネルギーの量が 不足して 低栄養になります。低栄養にならないようにします。どのくらい ご飯の量を 食べることができたか 記録します。

⑱歩行：立っている時に からだが 傾いていないか、手足に 痙攣がないか、動きが ゆっくりしていないか、麻痺が ないか、筋力が なくなっていないかを 見ます。

⑲転倒：小さな段差や 何もないところで 転んでしまいます。骨折は 高齢者が 寝たきりになるきっかけとなるため、十分に 気をつけます。

⑳めまい：めまいの時間、耳鳴りや難聴・頭痛がないか、意識を 失

っていないかなどを確認します。

● 廃用症候群

　筋肉や神経、臓器などが、本来の機能を十分に使わないために、その機能が弱くなり、力が減ってしまう病気のことです。

廃用症候群の症状

（『介護のしごと』日本医療企画、P84より）

● 高齢者に多い疾病

(1) 生活習慣病

・脳血管疾患：脳出血、脳梗塞（脳血栓、脳塞栓）、くも膜下出血など。突然、発作を起こすこともあります。

・心疾患：生活習慣により起こる心臓病です。狭心症、心筋梗塞などがあります。

- **腎臓病**：急性腎炎や慢性腎炎、ネフローゼ症候群など。糖尿病の悪化なので 血液透析が 必要です。
- **肝臓病**：アルコールやエネルギーを 取りすぎることで 起こる肝硬変と ウイルス性肝炎などが あります。
- **糖尿病**：生活習慣病の中で よくあるものの 一つです。食事療法、運動療法、薬物療法（インスリン製剤の皮下注射、血糖降下剤）で治療します。
- **歯周病**：歯茎や 歯を支える骨など、歯の周りの病気です。歯周病が 引き起こす病気に 脳梗塞や心筋梗塞、糖尿病、誤嚥性肺炎があります。食後の歯磨きで 歯垢を 取り除くことが 大切です。
- **高血圧症**：代表的な生活習慣病。塩分や酒の 過剰摂取、肥満などが 原因です。本態性高血圧、大動脈壁の硬化が 原因の 老人性高血圧があります。

(2) その他の高齢者に多い病気と症状

- **脱水症**：からだの中の 水分が減り、体重が 3～5％減ると軽度、6～9％減ると 中程度、10％以上減ると 重度です。特に 認知症の高齢者は「喉が渇いた」と言わないので、こまめに 水分を補給して、どのくらい 水分を飲んだか 確認します。
- **構音障害**：言葉を 理解できても、発音が 正しくできない 障害のことです。
- **失語症**：言葉を 聞いたり、文字を 読んでも 理解できないけれど、一方的に話すことができる ウェルニッケ失語（感覚性失語症）と、相手の話や文字を 理解できるけれど、自分では 言

葉にして発話することができないブローカー失語（運動性失語症）があります。

- 認知症：脳の病気で、脳の機能が 悪くなり、これまでのような生活が できなくなります。
- 歩行障害：脳梗塞や脳出血、運動まひ、パーキンソン病、神経の損傷、骨や関節の問題で、歩行が 難しくなります。
- 関節痛：変形性膝関節症、関節リウマチなどです。歩くことが難しくなることがあります。
- 嚥下障害：舌や喉の筋肉が うまく動かないので、うまく飲み込むことが できません。ご飯を食べる時や 水を飲む時は 誤嚥に注意します。
- 掻痒症：乾燥による老人性皮膚掻痒症、からだ全体に かゆみがある反発性皮膚掻痒症、部分的に かゆみがある限局性皮膚掻痒症などです。風呂の湯の温度や 暖房の温度設定、パッドの長時間使用など、日常生活で 皮膚が 乾燥する原因がないか 確認します。
- 白内障：目の水晶体が 白く濁ってくる病気です。かすんで見えたり、ぼやけて見えたりします。
- 低栄養：肝臓の疾患、腎不全、消化・吸収力の低下、がんやうつ病、アルコール依存症でなる病気です。

b. 認知症の理解

　認知症の人は、自分が　病気であることを　わかっていません。そして、自分自身の思いや気持ちを　言葉で伝えたり、何をするかを決めたりすることが　難しくなります。

　そのため、介護職員は、認知症の人の　立場になって、その思いや気持ちを考えて、何をしたいのかを考え、その人が　できる能力や、やってみたい・やりたいと思う気持ちになるようにします。寄り添うケアが　大切です。

●認知症の解説

1. 認知症になる病気と症状とその特徴

①アルツハイマー型認知症：初期は　記憶障害、中期は　見当識障害、遂行機能障害、後期は　寝たきり状態になります。女性が　なりやすい病気です。

②脳血管性認知症（まだら認知症）：脳血管疾患でなります。男性がなりやすい病気です。

③レビー小体型認知症：幻覚（実際には　ないものや　聞こえないものが　見えたり　聞こえたりする）、誤認（見間違い）、幻視（実際にはいない小動物や人が　はっきり見える）がおきます。パーキンソン症状と　一緒に出ます。

④前頭側頭葉変性症（ピック病）：人格が　変わります。

⑤慢性硬膜下血腫：一般的に治る認知症です。

⑥正常圧水頭症：脳のある部分に　髄液がたまって、まわりの脳を　圧迫する症状です。

⑦若年性認知症：18〜64歳でなる　認知症です。

2. 中核症状と周辺症状

中核症状：病気で　脳細胞が縮んだり　形が変わったりする　症状です。
　　記憶障害と　見当識障害（失見当）、失語、失行、失認、遂行機能障害

周辺症状：記憶や認知機能に　障害のある人が、現実の生活に　合わせようとした時に　出る症状です。行動心理症状と　言います。
　　行動症状……攻撃、徘徊、多動、過食、不適切な行動
　　心理症状……妄想、幻覚、不安、抑うつ

中核症状と周辺症状

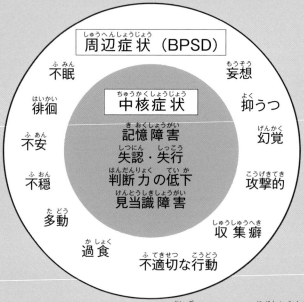

（『介護のしごと』日本医療企画、P53より）

3．ケアのポイント

①穏やかな声で、短く、わかりやすく話します。ジェスチャーやタッチングを　うまく使います。
②認知症の人の生活歴、性格、価値観を　知ることです。
③朝起きてから　夜寝るまでの　生活のリズムを　整えます。
④居心地の良い　環境を　整えます。
⑤自分で　できることは　やってもらい、残っている能力を　出せるように「やってみたい」という気持ちに　なってもらうようにします。

考えましょう

1. あなたのお母さん、お父さんの生活歴を 考えてみましょう。

2. どうして 利用者が「やってみたい」と思うような 介護をするのでしょうか。

聞きましょう

隣の人に 聞いてください。

1. どうして寄り添うケアが 大切ですか。

2. どのようにして 寄り添いますか。

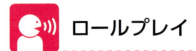 **ロールプレイ**

1. 今、夜10時です。あなたは 今夜 夜勤です。鈴木信男さんが、今日も施設の中を 徘徊しています。鈴木信男さんは なかなか寝ません。どうしますか。

2．田中ハル子さんが　毎日、何度も老眼鏡を　なくしてしまいます。どうしますか。小杉山施設長に　相談してください。

 書きましょう

今日は　何を勉強しましたか。何が大切ですか。何をしなければなりませんか。どう思いましたか。

c. 障害の理解

病気やケガで 障害のある人も、その人らしく 生きることが できるように 一人一人にあった介護が 大切です。ノーマライゼーションを 進めて、障害がある人もない人も、すべての人が 同じ社会でいっしょに生きるという インクルージョンの考えが 大切です。

障害には、視覚・聴覚・言語・肢体不自由・腎機能障害などの 内部障害・免疫機能障害という障害のほか、知的障害、精神障害、発達障害があります。介護職員は、障害のある利用者が、どのくらいの障害か、どのような行動をするのか、その人の状況を 理解して、医師や療法士などの専門家と、どのように介護をすることが良いかを 考えて決めます。

●さまざまな障害

1. 知的障害

日常生活での 適応行動が 年齢の基準より低く、18歳未満で 病気になります。

2. 精神障害

障害の程度は 重い方から 1～3等級に分けられます。
統合失調症：幻覚・妄想、思考・認知の障害、感情・意欲の障害
気分障害：うつ病と躁うつ病
アルコール依存症：お酒を飲まないと 意識障害となったり、暴力をふるったりする

3. 発達障害

自閉症：3歳頃から 大きな特徴がある

①人と 目を合わせない、交流を したくない
②言葉の遅れ、おうむ返し発語、ジェスチャー表現が できない
③特定のものや 記号へのこだわりが 強く、ごっこ遊びが 苦手

アスペルガー症候群：コミュニケーションが苦手で、こだわりが 強い

注意欠陥多動性障害：場面に関係なく 動く

学習障害：文字の読み書き、計算などの学習が 遅れている

● 障害受容の5段階

ショック → 否認 → 悲しみと怒り → 適応 → 再起

考えましょう

1. もし、いま あなたに 障害があったら どのような気持ちに なりますか。

2. 障害のある人が「その人らしく」いることができる介護は どのような介護ですか。

🔊 聞きましょう

隣の人に 聞いてください。

1. あなたは交通事故で 歩くことが できなくなりました。どのような気持ちに なりますか。

Column　利用者さんの家族になった気持ちで介護を

　私の祖母（おばあさん）は認知症でした。脳梗塞で倒れて、一人で歩くことができませんでしたから、車いすに乗っていました。

　私は、5歳の時、とても重い病気で入院をしました。その時に、祖母が私といっしょにいましたから、私は安心することができました。しかし、祖母が施設に入所してから、私は祖母といっしょにいることができなくなりました。だから私は、いつも施設に祖母に会いに行きました。そして、私は祖母のむくんだ手や足をマッサージして、顔を蒸しタオルで拭きました。祖母はうれしそうでした。3年前の12月、私は祖母が好きなエビのお弁当を作って、祖母のベッドのそばで食べました。その夜、私は祖母の居室に泊まりました。そして、次の日の朝、祖母は好きな音楽を聴いて、そのまま眠るように亡くなりました。

　日本では、遠いところに住んでいる家族が、施設にいる家族に会うことが難しいことがあります。仕事をしながら、家族の介護をする人もいます。おじいさんがおばあさんの介護をします。介護はとても大変なことです。親の介護をしたいし、いっしょに住みたいと思っていますが、それができない家族が多いです。

　だから、あなたは利用者さんの家族になった気持ちで、利用者さんの介護をしてほしいと思います。

2．インクルージョンとは　なんですか。日本は　インクルージョンの考えが　できていますか。

ロールプレイ

1．高木大二郎さんは、昨年　奥さんを亡くしました。そのため、奥さんの写真を　見たり、奥さんのことを　思い出したりして　1人で泣いています。家族は　いっしょに住んでいますが、高木さんはいつも1人ぼっちの気持ちです。泣いている時、どのようにして声をかけますか。

2. 田中ハル子さんは 時々 居室で 誰もいないのに、子どもの時の 友だちのマリ子さんと 話しています。マリ子さんは 居室にいませんから 田中さんの 幻覚か妄想なのかもしれません。佐藤さんに 相談してみてください。

書きましょう

今日は 何を勉強しましたか。何が大切ですか。何をしなければなりませんか。どう思いましたか。

第2章

コミュニケーション技術

1 コミュニケーションの意義と目的

 コミュニケーションの意義と目的

　コミュニケーションは、人と　人を　つなぐ手段です。介護職員は、利用者や家族、医師や看護師、理学療法士など、さまざまな人と　関わります。良い人間関係や信頼関係をつくるために、豊かな　コミュニケーションが　必要です。介護職員は、豊かなコミュニケーションを　とらなければなりません。

●豊かなコミュニケーションをとりましょう

　豊かなコミュニケーションは、良い人間関係や信頼関係を　つくります。仕事で　相談をしたい時や　わからないことを聞きたい時に、人間関係の良い人は　相談をしたり、聞いたりすることが　できます。しかし、人間関係が悪い人は、友人や上司と　話しません。その人は　誰にも　相談することをできませんから、仕事を　失敗することがあります。一人は、とても寂しく、悲しい気持ちになります。人間関係が原因で、仕事を　辞めてしまう人もいます。事故や失敗がないように、みんなが働きやすく、良い気持ちでいることが　できるようにしなければなりません。また、利用者や家族に　信頼してもらうことが　できるように、介護職員は　豊かなコミュニケーションを　とりましょう。

考えましょう

1. 豊かなコミュニケーションとは、どのようなことですか。

2. どのような人に 相談をすることができますか。

聞きましょう

隣の人に 聞いてください。

1. あなたが 一番信頼している人は 誰ですか。それは、どうしてですか。

2. 仲間と コミュニケーションを豊かにするために、あなたは 何をしますか。

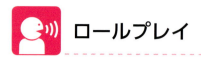 ロールプレイ

1. 先輩の佐藤さんが 困っています。家族の大事な用事がある日に休まなければならないのですが、その日はスタッフが少ない日です。カレンさんは休みの日です。あなたはどうしますか。

2. 今日から 新しい利用者さんが デイサービスひだまりに 来ます。キムさんは、その方の担当です。新しい利用者さんのために何をしますか。どのような声かけをしますか。

✏️ 書きましょう

今日は 何を勉強しましたか。何が大切ですか。何をしなければなりませんか。どう思いましたか。

2 コミュニケーションの基本的技法

 ## コミュニケーションの基本的技法

　コミュニケーションは、人と人が　お互いの意思疎通のために　必要です。コミュニケーションには、文字や点字、手話の言語的コミュニケーションと　態度や表情、姿勢、身振りなどの　非言語的コミュニケーションがあります。

2者間のコミュニケーション図

(出典：野村豊子編『コミュニケーション技術』介護福祉士養成テキストブック、ミネルヴァ書房、2010年、P4、図1-3より改変、『介護職員初任者研修テキスト2巻』日本医療企画、2018年、P5、図表1-1-1)

●バイステックの7原則
①個人を　大切にしよう
　利用者のことを、とても大切な人として　尊重することです。生活歴

や価値観など、利用者のさまざまな側面を　理解し、介護します。

②感情を　大切にしよう

利用者が　自分の気持ちを　自由に表現できるようにします。利用者が　怒ったり、悲しんでいたりしたら、介護職員は　利用者が安心して、リラックスできるようにします。

③自分を　理解しよう

介護職員は、常に冷静な気持ちで、自分の感情や　こころの状況を　知っておくことが　大切です。

④相手を　そのまま受け止めよう

利用者のありのままの姿や気持ちを　そのまま受け止めます。利用者の言葉や行動に、拒否や否定の言葉を使わない　コミュニケーションをします。

⑤一方的に　非難しないようにしよう

利用者の言葉や行動を　介護職員の勝手な判断で、批判したり、非難したりしてはいけません。言葉や行動の背景を　考えてみましょう。

⑥自己決定を　大切にしよう

利用者が、自分で何をしたいのか、何をするのか、決められるようにします。自分で決めることが　難しい場合でも、見守ることが　大切です。

⑦秘密を守ろう

介護を通じて知った利用者の　個人情報を、他の人や　外の人に　話してはいけません。信頼関係を　大切にしましょう。

考えましょう

コミュニケーションは、何のために必要ですか。

聞きましょう

隣の人に 聞いてください。

どのようなコミュニケーションが 大切ですか。

やってみよう

トータルコミュニケーション「ケア・タッチング」(気持ちを こめて 手などに 触れる)を してみましょう。どのような気持ちになりましたか。感想や気が付いたことを 教えてください。

✏️ 書きましょう

今日は 何を勉強しましたか。何が大切ですか。何をしなければなりませんか。どう思いましたか。

> **Column** 仕事をする時に「ホウ・レン・ソウ」は大切です
>
> 　あなたは、ホウレンソウを知っていますか。ホウは「報告」、レンは「連絡」、ソウは「相談」です。仕事をする時は、いつもホウレンソウが必要です。日本では、ホウレンソウが大事です。いつ、どこで、誰が、何を、どのようにするか、どのようにしたかを　いつも記録や報告、そして連絡をします。困ったときは　相談をします。
>
> 　仕事の時、何をすればよいのか、わからないことがあります。利用者さんが話したことも、私たちはわからないことがあります。その時は、先輩に、何をしなければいけないのか相談しましょう。あなたがわからない時に「教えてください」と言うことは、決して恥ずかしくありません。わからない時や困った時は「すみません、教えてください」と言いましょう。自分で悩まないでください。
>
> 　相談は、自分のことだけではありません。利用者さんの状態を見て、どうしたらよいのか、何をしなければならないのか、わからない時に相談が必要です。あなたがわからない時は、先輩に聞きましょう。「わからなかったので、失敗しました」はいけません。あなたが仕事の時に、わからないことや知らないことは、わからないままにしないでください。必ず施設長や先輩に確認しましょう。相談は、とても大切な仕事です。

3 形態別コミュニケーション

 形態別コミュニケーション

　コミュニケーションに　障害のある人とのコミュニケーションは、言語だけが　コミュニケーション手段ではありません。障害のある人とも、いろいろな方法で　コミュニケーションをとることが　できます。その人に合わせた　コミュニケーションが　重要です。時や状況によっては、スキンシップをすることが　大切です。

●さまざまなコミュニケーションのポイント
1. 聴覚・言語障害者とのコミュニケーション
    ①音の大きさや高さ、聞こえる側の状態を　知る
    ②日常の会話や　生活歴（どのような生活を　してきたのか）を　知ることと、家族や周りの人から、その人が　最も理解することができるコミュニケーションの方法を　知る
    ③伝え方の工夫
       （1）手話や身振り：表情や仕草さを　加える
       （2）読話：相手の唇の　動きを　見ながら　言葉を理解するので、自分の口の動きが　よく見えるように、ゆっくり、はっきりと　話す
       （3）筆談、空書：図や読みやすい文字で書く
    ④利用者と　相談しながら、振動や合図などを　工夫する
2. 難聴の人とのコミュニケーション
    難聴には、感音性難聴（老人性難聴）と伝音性難聴が　あります。難聴の人とのコミュニケーションでは、話を始める前に、近くに行き、正面から　話しかけるか、そっと肩を　叩いてから　話し始めます。でき

るだけ その人の正面から 簡単な 合図をして、目線が 合うようにして、表情や口元が よく見えるようにして 話します。相手が 聞き間違いや 理解できなかった時は、わかりやすいように 他の言い方をしたり、身振り手振り、メモを 渡したりするなどの工夫が 必要です。

3．視覚障害の人とのコミュニケーション

介護職員が 積極的に声かけをします。名前で 呼びかけて、相手に 驚きや戸惑いが ないように 話をします。その人の周りの状況を 説明し、情報を提供します。触覚や聴覚、嗅覚を 活用すると良いです。そして、会話が 終わる時、その場所から 黙っていなくなってはいけません。

4．失語症の人とのコミュニケーション

言語中枢の損傷で「聴く、話す、読む、書く」という 言語機能に障害があることを 失語症といいます。失語症の人との コミュニケーションは、非言語的手段（身振り、手振り、ジェスチャー、表情、指差し、合図、絵カード）を 使います。

5．認知症の人とのコミュニケーション

その人が 本当に知りたいと思っていることや 願っていることなど、その人の気持ちに 寄り添います。例えば、思い出のものや 写真を会話のきっかけにしたり、その人の 一番良かった時の エピソードを聴いたりして、その人が うれしそうに話すことをします。そして、その人が 同じことを 何度も言ったり、事実は 違ったりするけれども、その状況を 受け止めて、反対したり 訂正したりしません。

6．知的障害の人とのコミュニケーション

わかりやすく伝えることが 大切です。知的障害者は 素直な感情をストレートに表しますから、ゆったりとした気持ちで 一人一人に 合わせた コミュニケーションをしましょう。

7．精神障害の人とのコミュニケーション

その人の悩みや 苦しみに寄り添い、その人の心を 受け止めて 傾聴することが 大切です。妄想や幻覚、幻聴の症状がある 統合失調症は、それを否定しないで、大きな期待や無責任な励ましはしないで、寄り添うコミュニケーションをします。うつ病の人には、担当医や専門医

> の受診を すすめます。決して 無理をしないで 休養することが 一番大切であることを伝え、その人が 今まで 十分に 頑張ってきたことを認めます。そして、躁うつ病の人にも 専門医の受診を すすめます。

考えましょう

1. 耳が 聞こえない時、どのような気持ちになりますか。

2. 目が 見えない時、どのような介護をしてもらいたいですか。

聞きましょう

隣の人に 聞いてください。

1. あなたが 今までで一番うれしかった時は どのような時でしたか。それはなぜですか。

2．あなたが　今までで一番悲しかった時は　どのような時でしたか。それは　なぜですか。どのようにして悲しい気持ちを　なくしましたか。

 ロールプレイ

1．認知症の鈴木信男さんは、毎日　夕方4時くらいになると「もう家に帰りたい」と言います。ずっと言い続けていますので、他の利用者も　心配しています。どうしますか。

2. 高木大二郎さんは 左の耳が あまりよく聞こえません。今、食堂で テレビを観ていますが、あまり楽しそうではありません。どうしますか。

✏️ 書きましょう

今日は 何を勉強しましたか。何が大切ですか。何をしなければなりませんか。どう思いましたか。

第3章

移動の介護

1 移動の意義と目的

 移動の意義と目的

移動は、ある目的のために、ある地点から 別の地点へ 動くことです。例えば ご飯を食べに行く、トイレへ行く、部屋へ行く、美術館へ行くことなどです。移動は 自分らしい生活を 楽しむために、とても大切なことです。

●**移動の意義**

移動は、
①活動範囲を 広げること
②自立した生活を 支えること
③質の高い生活を 保つこと
④他の人たちと 交流を 深めること
⑤社会参加を すること
という意義があります。

しかし、年をとると 筋肉の量が 減ったり、筋肉の力が 低くなるため、骨折したり 関節がうまく動かなくなったり、歩くことが 難しくなります。また 目が見えづらく、音が聴きづらく、道に段差があると 転びやすくなります。そのため、あまり外へ出ないで 動かなくなり、廃用症候群になります。廃用症候群は、生活不活発病といいます。

介護職員は 利用者の廃用症候群を 防止するために、利用者の体位変換をしたり、座位をとってもらったりします。そして、介護職員は 利用者が 歩きたいと 思うように、歩くことができるような支援をすることが 大切です。

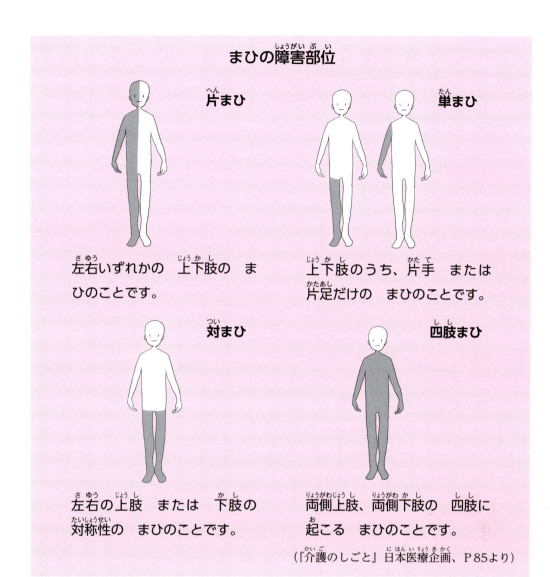

(『介護のしごと』日本医療企画、P85より)

 考えましょう

1. 移動は どうして大切なことですか。

2．どうして　利用者さんの「歩きたい」という気持ちを　大切にしなければならないのでしょうか。

聞きましょう

隣の人に　聞いてください。

1．移動の5つの意義は　何ですか。

2．どのような声かけをしてもらったら、「歩きたい」と思うようになりますか。

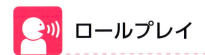 ロールプレイ

1. 田中ハル子さんは いつも車いすに 座っていますが、今日は あまり 気持ち良さそうではありません。どうしますか。

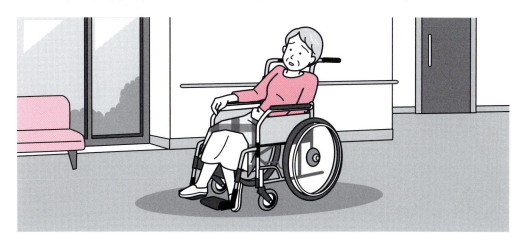

---

2. 高木大二郎さんは 杖をついて 歩いています。「散歩に行こう」と 誘わなければなりませんが、高木さんは、あまり歩くことが 好きではありません。どのように 声をかけますか。

✏️ 書きましょう

今日は 何を勉強しましたか。何が大切ですか。何をしなければなりませんか。どう思いましたか。

2 基本的な移動の介護

基本的な移動の介護

　からだの動作は、骨、関節、筋肉、神経系の相互関係で　できます。移動・移乗の介護では、身体の負担を　最小限にして、安心安全にできるようにすることが　大切です。それを　ボディメカニクスと言います。介護職員は　ボディメカニクスを　上手に使って　利用者の移動・移乗介助をします。また、介護職員は　利用者の安全と　からだの負担を　考えて、利用者が　気持ちよく、からだが楽で　リラックスすることができる体位で　いることが　できるように　支援します。利用者の関節に　負担がかからないように、良肢位の姿勢にすることが　大切です。

●ボディメカニクスの　8つの基本原理
　ボディメカニクスは、てこの原理を使って、最小の力で　介護することです。
　　①支持基底面を　広くする
　　②利用者に　近づく
　　③大きな筋群を　使う
　　④利用者を　小さくまとめる
　　⑤利用者を　水平に　手前に　引く
　　⑥重心を　低くする
　　⑦足先を　動作の方向に　向ける
　　⑧てこの原理を　応用する（支点）

ボディメカニクスの8つの原理

①支持基底面（base of support）を 広くする。

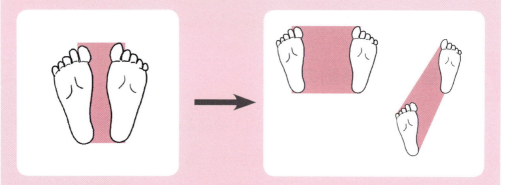

②利用者に 近づく。

③大きな筋群を 使う。

④利用者を 小さくまとめる。

⑤利用者を 水平に 手前に 引く。

⑥重心を 低くする。　　　　　⑦足先を 動作の方向に
　　　　　　　　　　　　　　　　向ける。

⑧てこの原理を 応用する。

支点

（『介護のしごと』日本医療企画、P86〜87より）

●体位の種類
　①仰臥位：仰向けで寝た状態
　②側臥位：横向きに寝た状態
　③腹臥位：うつぶせに寝た状態
　④半座位：上半身を15度〜45度くらい起こした状態
　⑤長座位：上半身を90度起こした状態
　⑥起座位：座位より少し前かがみで 座っている状態
　⑦端座位：上半身を起こして 膝から先の足を ベッドからおろして、

69

足が床について 座っている状態
⑧立位：立っている状態

体位の種類

①仰臥位（背臥位）
仰向けに寝た状態のことです。

②側臥位（右側臥位）
横向きに寝た状態のことです。

③腹臥位
うつぶせに寝た状態のことです。

④半座位
上半身を 起こした状態のことです。

⑤長座位
上半身を 90度起こした状態のことです。

⑥起座位（起座呼吸体位）
座位より 少し前かがみで、テーブルやクッションを置き、寄りかかりやすくした状態のことです。

⑦端座位
　上半身を起こし、膝から先の足をたらし、足の裏が床についた状態のことです。

⑧立位
　立った状態のことです。

（『介護のしごと』日本医療企画、P88〜89より）

 考えましょう

1．なぜ　ボディメカニクスを使って　介護をしますか。

2．あなたは　眠る時、どのような姿勢で　寝ますか。

聞きましょう

隣の人に 聞いてください。

1．ボディメカニクスの 8つの基本原理は何ですか。

2．あなたは 寝る時に どのような姿勢が 一番楽ですか。

やってみよう

1．あなたは、今 仰臥位で寝ています。腹筋を使わないで 起きてください。

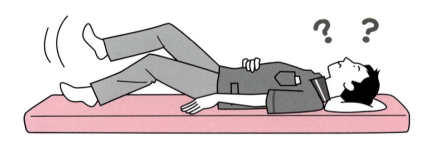

2. あなたは、今、いすに 座っています。もう一人の人は、あなたの正面に 立って、額を 指で 押さえています。立つことができますか。

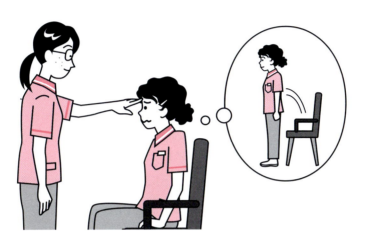

✏️ 書きましょう

今日は 何を勉強しましたか。何が大切ですか。何をしなければなりませんか。どう思いましたか。

1）体位変換

　体位変換は、からだが 楽な姿勢の体位を 保つこと、褥瘡の予防、筋肉の拘縮の予防、気道の分泌物を 排出しやすくするためにします。一人一人、からだの動きが 違いますから、利用者が 自立できるように 介助します。

●まひがある人の 体位変換のポイント
①側臥位になるときは、まひ側は 下にしないようにします。まひ側は からだが動かない、痛みがない人が多いので、脱臼したり、骨折したりします。血行に悪いので、注意しなければなりません。
②利用者の腕の組み方は、まひ側を保護するように 健側の手を 上にして 組みます。
③利用者の膝を 立てるときは、まひ側は 倒れやすいので、介護職員は 手を離さないようにします。
④焦らないで 利用者のペースに合わせて、利用者のできるところは できるようにして、利用者が「動きたい」と思う 声かけをします。

●端座位から 立位にする 体位変換のポイント
　利用者が 立ち上がったとき、重心線の位置が 支持基底面の中に入るように、介護職員は 両足を肩幅くらい開いて 立ち上がります。

●体位の変換
①水平の移動：介護職員は 両膝をベッドサイドに当てて、膝を曲げて 重心を落としながら 利用者のからだを ベッドの上で すべらせるように移動します。
②上の方への移動：利用者は いつのまにか ベッドの下の方へ からだが 動いてしまうので、上の方へ 移動します。介護職員は 健側から 利用者の患側の肩と健側の肘を支えながら、利用者のお尻と腰を 介護職員のからだの方へ 引き寄せるようにして、利用者の上半身を起こし、水平の移動と 同じように 上の方にすべらせて 上へ

あげます。
③仰臥位から側臥位への 体位の変換：利用者の健側の膝を 立てて、足先を 患側の膝裏に差し込み、介護職員は、利用者の膝、腰、肩の順に 手前に向けます。
④仰臥位から端座位、端座位から立位への 体位の変換：以下の図の通りです。

◇仰臥位から端座位、端座位から立位（左まひの人の場合）
【仰臥位から端座位】

①利用者さんに 声をかけます。利用者さんが 起き上がる側のベッドの広さを確認します。

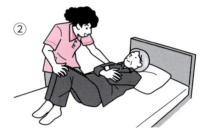

②利用者さんの 右側(健側)から 行います。両腕を組んでもらい、両膝が曲がる場合は 両膝を立てます。

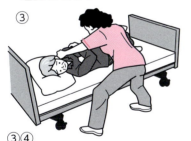

③④利用者さんの顔を 寝返るほうに向け、膝と肩を支えて 向きを変えます。利用者さんの体調を 確認します。

⑤利用者さんの足をゆっくりとベッドサイドに下ろします。

⑥⑦⑧
利用者さんの大転子部（足のつけ根）を支点に　ゆっくりと端座位にします。このとき、曲線（カーブ）を描くように起こすと良いです。

⑨体調を確認し、足が床についているか　確認します。

⑩床に足がついていない場合は、臀部（お尻）と肩を支えて　交互に移動すると良いです。

【端座位から立位】
・利用者さんに　立ち上がりの声かけをします。
・ベッドの高さを　調整します。
・立ち上がりやすいように　臀部（お尻）を　手前に移動します。
・利用者さんの足が　膝より後ろにあることを　確認します。

⑪⑫⑬
・立ち上がった後、体調の確認をします。

（『初任者研修課程テキスト3巻』日本医療企画、P209〜213、図表3-2-35〜47をもとに作成）

 考えましょう

1. あなたは 姿勢が良いですか。悪いですか。どのような姿勢が一番楽ですか。

---

2. 左側にまひがある人の時、介護者は 利用者のどちら側に立って体位変換をしますか。

聞きましょう

隣の人に 聞いてください。

　いすに座って 机の上にうつぶせになったり、ななめに座ったりすると どのような気持ちになるか 聞いてください。座りやすい姿勢は どのような姿勢ですか。

やってみよう

ベッドを使って、体位変換をしてみましょう。

ロールプレイ

1. 田中ハル子さんの左足に 褥瘡ができたようです。同僚の佐藤さんと どのような介護をしますか。

2．高木大二郎さんが 食堂にいます。ソファに座っていますが からだが ななめになっています。どうしますか。

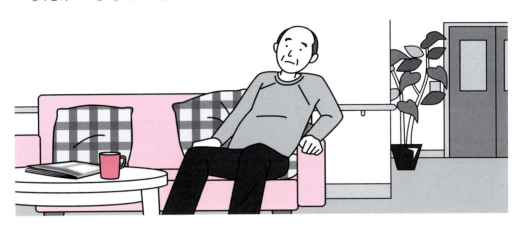

✎ 書きましょう

今日は 何を勉強しましたか。何が大切ですか。何をしなければなりませんか。どう思いましたか。

2）移動（歩行、車いす移動等）

a. 歩行

介護職員は、歩行介助が必要な人の患側（まひや障害のある側）に立ちます。周りの状況に応じて 変更することもあります。

階段がある時は、「階段を昇ります」「階段を降ります」と、声をかけて、利用者が 物にぶつかったり、段差で つまずいたりしないようにします。

杖を使った歩行の介助

歩くとき：杖⇒患側⇒健側の順に 進みます。
階段を昇る時：杖⇒健側⇒患側の順に 進みます。
階段を降りる時：杖⇒患側⇒健側の順に 進みます。

> ●健側と患側
> ・健側：まひや障害のない側のことです。
> ・患側：まひや障害のある側のことです。

●階段の昇り降り（片まひのある人の場合）

◇階段を上がる

①②
- 利用者さんに　声をかけます。
- 利用者さんは　健側で　手すりをつかむことができる位置にいます。
- 介護職員は　利用者さんの　患側の斜め後ろに　います。
- 利用者さんの　1段下から　介助します。
- 利用者さんが　患側に体重がかかる時、ひざ折れに　注意します。

◇階段を下りる

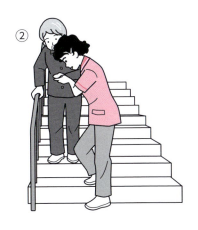

①②
- 利用者さんに　声をかけます。
- 利用者さんは　健側で　手すりをつかむことができる位置にいます。
- 介護職員は　利用者さんの患側の斜め前に　います。
- 利用者さんの　1段低い位置から　介助します。
- 利用者さんが　患側に体重がかかる時、ひざ折れに　注意します。

●片まひのある人の杖を使用した階段の昇り降り

【片まひのある人の杖を使用した階段昇降】

- 利用者さんに 声をかけます。
- 昇るときは、「杖→健側→患側」、降りる時は「杖→患側→健側」の順に足を動かします。
- 介護職員は 利用者さんの1段下から 介助します。
- 降りるとき、患側の下ろした足の前に 介護職員の足を置いて、利用者さんを 支えます。

◇階段を上がる

◇階段を下りる

(『初任者研修課程テキスト3巻』日本医療企画、P230～235、図表3-2-83～96をもとに作成)

●視覚障害者の歩行介助

【視覚障害のある人の歩行介助】

- 利用者さんに 声をかけます。
- 誘導の合図として、利用者さんの白杖を 持っていない方の 手の甲に 触れます。
- 歩行のとき、利用者さんに 介護職員のひじの上などを 握ってもらいます。
- 降りるとき、患側の下ろした足の前に 介護職員の足を置いて、利用者さんを 支えます。

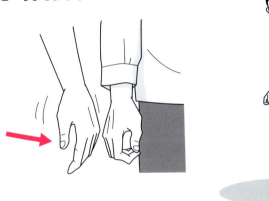

（『初任者研修課程テキスト3巻』日本医療企画、P236、図表3-2-97～98をもとに作成）

b. 車いすの移動

　車いすは 片まひがある人や 歩くことができない人、自分で移動することができない人が使う 福祉用具です。車いすを動かすときは、利用者に 必ず声をかけて、利用者のからだに 衝撃がないように ゆっくり確認しながら走行し、寒くないように ひざ掛けをかける工夫をします。

車いすを押す介助

　車いすに乗っている利用者は どこへ行くのか 不安になります。必ずどこへ行くのか、前に進むのか、後ろに進むのか、はじめに動くことを きちんと 利用者に 伝えてから、進みましょう。

段差を上がる時、介護職員は　ティッピングレバーを強く踏んでキャスタ（前輪）を上げます。段差を　下りるときは、後ろ向きですから、利用者は　もっと不安になります。下りる前に　安心できるように　声をかけます。後ろ向きで　ゆっくり静かに　下ります。キャスタ（前輪）が　段差の際に来たら、ティッピングレバーを踏んで、キャスタ（前輪）を上げて、後ろに引きながら　キャスタ（前輪）をゆっくり静かに　下ろします。

車いすの名前

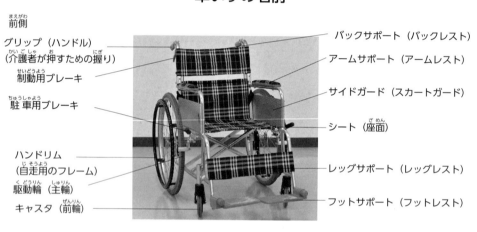

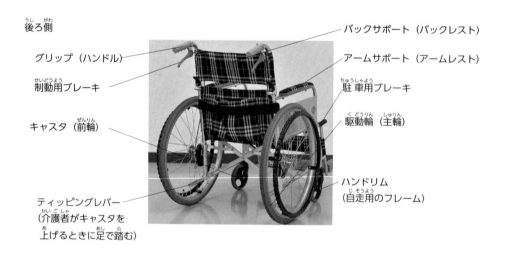

（『初任者研修課程テキスト3巻』日本医療企画、P215）

●車いすの移動介助

【ベッドから車いす】

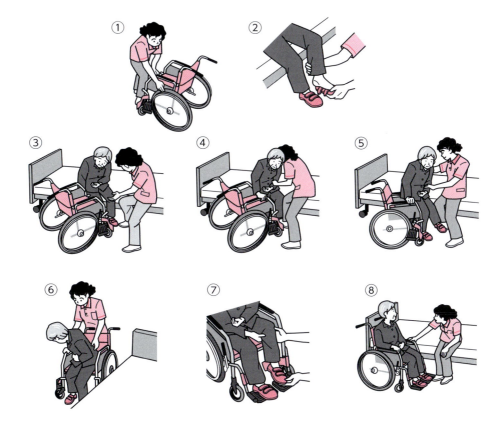

(『初任者研修課程テキスト3巻』日本医療企画、P224～228、図表3-2-65～79をもとに作成)

①～⑧
・利用者さんに 説明をして、移動の許可を もらいます。
・車いすの 安全確認をします。
・ベッドの上に 側臥位になる広さがあることを 確認します。
(仰臥位から端座位についてはP75～76参照)
・座位姿勢を確認してから、靴を はいてもらいます。
・車いすのブレーキが かかっていることを 確認します。
・健側に車いすを 置きます。
・フットサポートに 両足が乗っていることを 確認します。

【車いすからベッド】

- 利用者さんに 説明をして、許可を もらいます。
- 利用者さんの健側の ベッドに近いところに 車いすを置きます。
- ブレーキをかけた後に、足を下ろしながら フットサポートを上げます。

①

②

③

①〜③
- 利用者さんは 前かがみになってから、立ち上がります。
- 介助の時、介護職員は 腰を落として行います。

(『初任者研修課程テキスト3巻』日本医療企画、P228〜229、図表3-2-80〜82をもとに作成)

考えましょう

1. あなたは、アイマスクをして歩かなければなりません。怖いですか。怖くないですか。

2. あなたは、部屋の中が暗くて見えない時、どこを歩くことができるか、どのようにしてわかるようにしますか。

聞きましょう

隣の人に聞いてください。

1. これまで、歩くことが難しい時はありましたか。その時、どのようにして歩きましたか。

2．あなたは、移動介助の時、どのようなことを 注意しますか。

やってみよう

1．車いすの移動介助をしましょう。

2．実際に 車いすを押して 街の中を 歩いてみましょう。

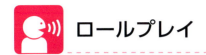 ロールプレイ

1. 田中ハル子さんが「眠い」と言ってきました。声かけをしながら居室へ行き、車いすからベッドへ移乗してください。

2. 鈴木信男さんが お昼寝をしていました。これから おやつの時間なので、食堂へ行かなければなりません。鈴木さんを起こすと鈴木さんは怒りますが、声をかけて ベッドから車いすへ 移乗してください。

✏️ 書きましょう

今日は 何を勉強しましたか。何が大切ですか。何をしなければなりませんか。どう思いましたか。

3 移動介助の留意点と事故予防

 移動介助の留意点と事故予防

チェックリストで確認しましょう。

● 移動介助

【仰臥位から端座位へ】

	チェックリスト	1回目	2回目
1	利用者さんに「移動します」と説明し、利用者さんは許可をしましたか	☐	☐
2	利用者さんが起き上がる側にベッドの広さが十分あることを確認しましたか	☐	☐
3	利用者さんは両手を胸の前で組んで、両膝を立てましたか。膝が曲がらない時は、伸ばしたまま組みましたか	☐	☐
4	利用者さんの顔を寝返る方へ向けた後に、膝と肩を支えて向きを変えましたか	☐	☐
5	利用者さんの足を下ろす前に、体調を確認しましたか	☐	☐
6	起き上がる時に、外側の足のつけ根のところを支点にすることができましたか	☐	☐
7	両足が床についていることを確認しましたか	☐	☐

【端座位から立位へ】

	チェックリスト	1回目	2回目
1	利用者さんに説明し、利用者さんは許可をしましたか	☐	☐
2	ベッドを介助しやすい高さにしましたか	☐	☐
3	立ち上がりやすいように、利用者さんのお尻のところを手前に引き寄せましたか	☐	☐
4	介助の前に、利用者さんの足の関節が膝より後ろに引かれていることを確認しましたか	☐	☐
5	利用者さんが立ち上がった時に、気分の確認をしましたか	☐	☐

● 歩行介助

【片まひのある人の階段昇降】

	チェックリスト	1回目	2回目
1	利用者さんに説明し、許可をもらいましたか	☐	☐
2	利用者さんの健側が手すりをつかむことができる位置に利用者さんはいますか	☐	☐
3	利用者さんの1段下から介助しましたか	☐	☐
4	利用者さんが患側に体重がかかってしまう時、ひざ折れに注意しましたか	☐	☐

【片まひのある人の杖を使用した階段昇降】

	チェックリスト	1回目	2回目
1	正しい声かけをしましたか	☐	☐
2	のぼるときは、杖→健側→患側、降りるときは杖→患側→健側の順に足を動かしましたか	☐	☐
3	介護職員は利用者さんの1段下から介助しましたか	☐	☐
4	降りるとき、患側の下ろした足の前に介護職員の足を置いて、利用者さんを支えましたか	☐	☐

【視覚障害者の歩行介助】

	チェックリスト	1回目	2回目
1	介助の前に、これから歩くことを説明することができましたか	☐	☐
2	誘導の合図として、利用者さんの白杖を持っていない方の手の甲に触れましたか	☐	☐
3	歩行のとき、利用者さんに介護職員のひじの上などを握ってもらいましたか	☐	☐

●車いすの介助

【ベッドから車いす】

	チェックリスト	1回目	2回目
1	利用者さんに説明をして、移動の許可をもらいましたか	☐	☐
2	車いすの安全確認をしましたか	☐	☐
3	ベッドの上に側臥位になる広さがあることを確認しましたか	☐	☐
4	座位姿勢を確認してから、靴をはいてもらいましたか	☐	☐
5	車いすのブレーキがかかっていることを確認しましたか	☐	☐
6	健側に車いすを置きましたか	☐	☐
7	フットサポートに両足が乗っていることを確認しましたか	☐	☐

【車いすからベッド】

	チェックリスト	1回目	2回目
1	利用者さんに説明をして、許可をもらいましたか	☐	☐
2	利用者さんの健側のベッドに近いところに車いすを置きましたか	☐	☐
3	ブレーキをかけた後に、足を下ろしながらフットサポートを上げましたか	☐	☐
4	利用者さんは前かがみになってから、立ち上がるようになりましたか	☐	☐
5	介助の時、介護職員は腰を落としましたか	☐	☐

第4章

食事の介護

1 食事の意義と目的

食事の意義と目的

　食事は、からだの健康を守ります。その人は、何が好きか、何が嫌いかを考えて、食事を楽しむことが　できるようにすることが　重要です。食事をしながら、人となかよくなったり、季節を感じたりすることができます。一人ひとりの食事を　大切にします。

　食品には、炭水化物、脂質、たんぱく質、無機質（ミネラル）、ビタミンの　5つの栄養素があります。エネルギー源は、炭水化物、脂質、たんぱく質です。また、食品は、動物性食品（魚介類、肉類、卵類、乳類）と　植物性食品（穀類、いも類、砂糖と甘味類、豆類、種実類、野菜類、果実類、きのこ類、油脂類、菓子類、海藻類）に分けられます。

　献立（メニュー）は、主食（米・パン・麺）、主菜（肉や魚、卵、豆腐など）、副菜（野菜、きのこ、海藻）、汁物（味噌汁など）の4つで　構成します。これに、飲み物やデザート、漬物が　付きます。配膳は、主食を左、汁物を右に置きます。

● 栄養素

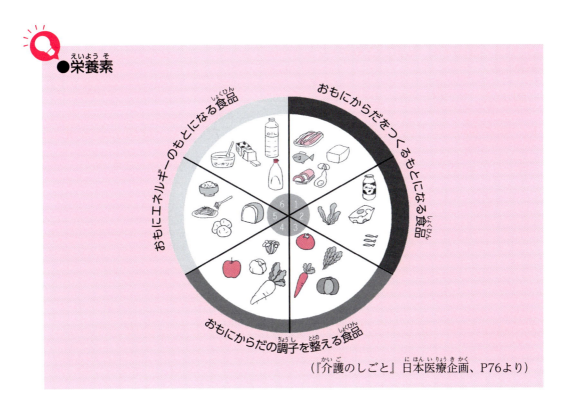

（『介護のしごと』日本医療企画、P76より）

 考えましょう

1. 今朝のメニューは 何でしたか。どのような栄養素がありましたか。

2. 昨夜の食事は おいしかったですか。楽しかったですか。その時の 食事の色を 考えてください。どのような色がありましたか。

🎧 聞いてください

隣の人に 聞いてください。

1. 朝ご飯や昼ご飯のメニューを 聞いてください。食事の色や形はどうでしたか。また、栄養素は バランスが良かったですか。

---

2. あなたが 楽しみだと思う 食事は、どのような食事ですか。

やってみよう

1. あなたの家族は 風邪です。高い熱があります。喉も痛いです。今夜のメニューを 考えてください。

2．1のメニューを 発表しましょう。誰のメニューが良いか みんなで話してください。

 ロールプレイ

1．鈴木信男さんは、ピーマンが好きではありません。今日は 野菜炒めですから、ピーマンが入っています。しかし、ピーマンは からだに とても良いです。あなたはどうしますか。

2．あなたは、いつも食事の前、利用者さんに メニューを紹介します。今日のメニューを 紹介してください。

 書きましょう

今日は 何を勉強しましたか。何が大切ですか。何をしなければなりませんか。どう思いましたか。

2 基本的な食事の介護

基本的な食事の介護

介護職員は、利用者が　安全にご飯を食べたり、お茶を飲んだりすることができるように、食事の介助をします。食事介助の時は、利用者のために、いろいろな工夫が　必要です。

●介助の方法

1. 食事の前
利用者のからだを　きちんと起こします。眠っている時は、しっかり目を覚ましているか　確認しなければなりません。移動できる人は　食堂など、ふさわしい場所で　食事をします。トイレの確認をします。

2. 嚥下体操
食堂で、食事の前に　メニューを読み、みんなで　嚥下体操をします。利用者が　しっかり飲み込むことができるように　体操をします。

3. 姿勢
体位変換や　枕を使って、利用者の上半身を起こし、喉のところが　上の方ではなく、前に向くようにします。足が床についていることも　大切です。座ることが　できる人は、いすに　深く座り、テーブルとからだの間に　こぶし一つが　入るようにします。

4. 食事介助
①利用者の体調と気分を　確認します。
②利用者の手を　洗います。おしぼりで　拭いても良いです。
③利用者に　エプロンやタオルを　当てます。
④スプーンやとろみ剤を　用意します。

⑤食べ物が良い温度かどうか　確認します。
⑥利用者の姿勢を　確認します。
⑦利用者が　誤嚥をしないように、お茶を先に飲むことを　勧めます。
⑧利用者に　何から食べたいかを　聞いて、食事介助を　始めます。
5．ご飯を食べるペースは　利用者の様子を見て、一口ずつ　量に気をつけながら　口に運びます。
6．利用者の食欲があるか（どのくらい食べることができたか）、咀嚼や嚥下に問題はないか　確認することを　忘れてはいけません。

考えましょう

1．あなたは　どのような食べ物が好きですか。嫌いな食べ物は　ありますか。

2．どのような食事介助をしてほしいですか。

🎧 聞きましょう

隣の人に 聞いてください。

1. 食事介助をしたことがありますか。どのようにしましたか。

---

2. 利用者さんの嫌いな食べ物は どうしますか。

やってみよう

1. 食事介助をしてみましょう。

ロールプレイ

1. 高木大二郎さんは、一人で ご飯を 食べることができますが、途中で 食べることをやめてしまいます。どのようにして声をかけますか。

2. 鈴木信男さんは、昼ご飯を 食べました。しかし、「まだ、食べていません」と言います。少し怒っています。どうしますか。

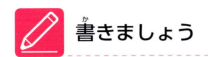 書きましょう

今日は 何を勉強しましたか。何が大切ですか。何をしなければなりませんか。どう思いましたか。

> **Column**
>
> ### 介護は利用者さんのために
>
> 　利用者さんは、あなたの笑顔が好きです。あなたが優しいですから、あなたに介護をしてほしいです。あなたにトイレを手伝ってほしいですし、あなたとご飯を食べたいと思います。時どき、子どもになります。だから、あなたの名前をたくさん呼びます。でも、日本人の介護職員があなたのことをうらやましいと思うかもしれません。あなたに全部一人で仕事をしてくださいと言うかもしれません。その時、あなたはとても嫌な気持ちになります。それは悲しいことです。
> 　しかし、忘れないでください。介護は利用者さんのために必要です。利用者さんの笑顔が一番大切です。利用者さんは認知症で、あなたを忘れるかもしれませんが、誰が自分を大切にするか、しっかりわかっています。だから、あなたのことが大好きです。人間関係は難しいですが、みんな、悪い人ではありません。あなたをサポートする人がいます。あなたは強い心を持って、嫌なことに負けないでください。
> 　日本人は、外国人のことをまだしっかりわかっていません。あなたの良いところがわかると、あなたのことをもっと好きになります。そして、あなたの国のことも好きになります。日本語を間違えてしまうかもしれないと不安にならないでください。コミュニケーションは言葉だけではありません。
> 　介護は利用者さんのためです。利用者さんはあなたが必要です。利用者さんが死ぬ時に、笑顔でいることができるように、介護の仕事をがんばってください。

3 食事介助の留意点と事故予防

 食事介助の留意点と事故予防

チェックリストで確認しましょう。

【姿勢】

	チェックリスト	1回目	2回目
1	正しい声かけができましたか	☐	☐
2	いすに深く座りましたか	☐	☐
3	足の裏が床にしっかりついていましたか	☐	☐
4	からだとテーブルの間に握りこぶしが一つ入るくらい、スペースがありましたか	☐	☐

【食事介助（全介助の場合）】

	チェックリスト	1回目	2回目
1	食堂など、ふさわしい場所で食事ができるようにしましたか	☐	☐
2	食事の前に、排泄があったかなかったか確認しましたか	☐	☐
3	嚥下ができているか確認しましたか	☐	☐
4	食事を口に運ぶスピードは、介護職員のペースになっていませんでしたか	☐	☐

第5章

排泄の介護

1 排泄の意義と目的

 排泄の意義と目的

　排泄は　生きるために必要です。排泄物は　尿（おしっこ）と　便（うんち）のことです。排泄を　自分ですることが　できないことは、プライドが傷つき、とても悲しく思うことになります。また、自分で排泄することが　できないので、いろんなところに行ったり、遊んだりすることが　できなくなります。利用者の羞恥心（恥ずかしいという気持ち）を考え、プライバシーを守って　排泄介助をします。

　おむつをすることは、プライドをなくしてしまい、悲しい気持ちになったり、本当はできることが　できなくなったりします。そして、おむつをするため、トイレに行くことをしませんから、足や腰がもっと弱くなります。

　歩くことができる人には、トイレ移動を　介助したり、自分で座ったりすることができる人には　ポータブルトイレを使って　自分でおむつを交換できるようにします。

　そして、寝たきりの人も　おむつをしないで、排泄用の器具を　使えるようにします。しかし、おむつが必要な人には、おむつをしても大丈夫だという気持ちになることが　できるようにしなければなりません。

●排泄の考え方
1．歩くことができる人は、トイレで
2．座ることができる人は、トイレや　ポータブルトイレで
3．寝たきりの人は、おむつをはずして　排泄ができるようになることを考える

 考えましょう

あなたは、トイレで　尿（おしっこ）を出したいですか、おむつで尿を出したいですか。

それはどうしてですか。

 聞きましょう

隣の人に　聞いてください。

1．あなたのお母さんは　歩くことができますが、おむつをしなければならなくなりました。しかし、お母さんは、「おむつをしたくない」と言います。

　お母さんは、どのような気持ちだと思いますか。

2．あなたは　お母さんのために、何をしますか。

やってみよう

1．おむつをして　夜、寝てください。そして、朝　おむつをしたまま　尿を出してみてください。

2．どうでしたか。発表しましょう。

ロールプレイ

1．田中ハル子さんは、車いすですが、座ることができるので、トイレで　排泄介助をします。ご飯を食べる前に　排泄介助をしますから、声をかけてください。

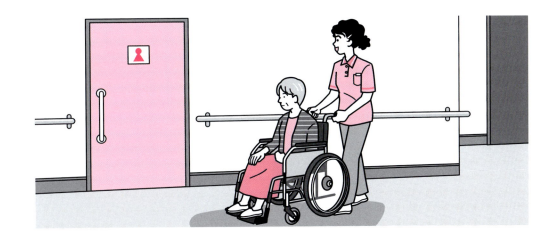

2. 鈴木信男さんは 自分で 排泄をすることができますが、きちんと拭かないため、下着が すぐに汚れます。また、少し臭います。あなたは きれいにしたいと思っていますが、他のスタッフは 何も思いません。あなたは、どうしますか。

 書きましょう

今日は 何を勉強しましたか。何が大切ですか。何をしなければなりませんか。どう思いましたか。

> **Column**
>
> ## 仕事をもっと良くするための5S
>
> 　5S（ごえす）を知っていますか。整理(Seiri)、整頓(Seiton)、清掃(Seiso)、清潔(Seiketsu)、しつけ(Shitsuke) の5つのSのことです。
> 　整理は、必要なものと必要ではないものを分けて、必要ではないものを捨てることです。そして、整頓は、必要なものを必要な時に、すぐに出すことができて、いつでも正しく使うことができるように、たなや箱の中の置く場所を決めて、正しくしまうことです。清掃は、いつも職場をきれいに掃除することです。清潔は、整理をして整頓をして清掃をして、衛生を保つことです。しつけは、このルールや手順を職員全員がしっかりと理解をして　正しく守ることを習慣にすることです。
> 　なぜ、5Sが大切だと思いますか。5Sは、安全と仕事の質をもっと良くするためにします。例えば、廊下の床が濡れていました。利用者さんが廊下で滑りました。利用者さんは　ケガをしました。この時、廊下の床をきれいに掃除して、清潔にしていませんでした。だから、利用者さんの安全を守るために　5Sが大切です。
> 　みなさんも、仕事の時に、5Sをしっかり守りましょう。みなさんの仕事が　もっと良くなるために、5Sは大切です。

2 基本的な排泄の介護

 基本的な排泄の介護

　トイレは、気持ちよく、安全に、心安らかに　尿や便を出せる場所でなければなりません。利用者が　気持ちよく　尿や便を出せるように　声かけをしましょう。そして、プライバシーを　しっかり守らなければなりません。

【排泄等の記録の例】

2018年　10月　　　　　田中ハル子　様　　　　　　まどかホーム

日付	食事量		実施事項	日勤の様子	夜勤の様子
1日（月）	朝 10	入浴 洗身 洗髪	枕タオル 手拭きタオル 洗たく 入浴時全更衣	BP125/67 P64 T36℃　　　　　　　　　　　　咳症状はあったが熱は出ていない 食事・水分もとれていてお変わりない	BP ／ P T ℃　　　　　　　　　　　　就寝前のトイレ時、意識低下あり、職員2名介助で行う
	昼 10				
		排便			
	夕 10	17：30付多 21：30付		(水分) 10○昼○15×	(水分) 夕○夜　朝○
		硬さ ふつう		サイン　カレン	サイン　佐藤
日付	食事量		実施事項	日勤の様子	夜勤の様子
2日（火）	朝	入浴		BP ／ P T ℃	BP ／ P T ℃
	昼				
		排便			
	夕			(水分) 10　昼　15	(水分) 夕　夜　朝
		硬さ		サイン	サイン

○排尿　◎排便（コロコロ、硬い、やや硬い、普通、やや軟らかい、泥状、水様）

時間	排尿	失禁	排便	食事 水分量
午前5時				
6時	○			
7時				朝食
8時			◎硬い	茶200
9時				

利用者のおしり（臀部）などに 褥瘡がないか、かぶれていないかなど、皮膚の異常を 確認します。報告と記録では、どのくらいの尿が出たのか、便が出たのかを 書きます。

●ポータブルトイレを用いた排泄介助
・利用者さんに 説明して、許可を もらいます
・プライバシーに 気をつけます
・利用者さんや介護職員が トイレットペーパーを 取ることができる位置にトイレットペーパーを 置いておきます
・利用者さんの排泄中、バスタオルをかけて、外に出ます
・排泄が終わる時を 考えて、声をかけます

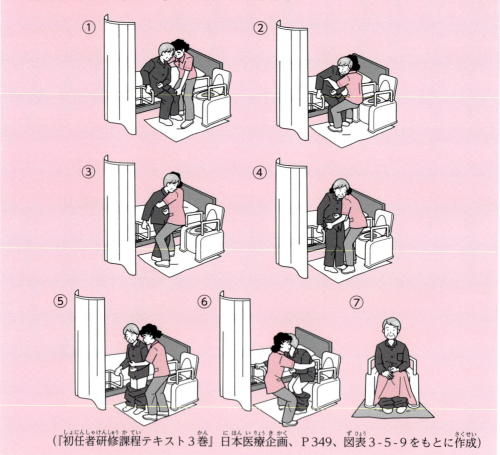

（『初任者研修課程テキスト3巻』日本医療企画、P349、図表3-5-9をもとに作成）

●便器・尿器を用いた排泄介助
・利用者さんに 説明して、許可を もらいます
・利用者さんのからだの形に合った 差し込み便器を 使います
・プライバシーに 気をつけます
・利用者さんや介護職員が トイレットペーパーを 取ることができる位置にトイレットペーパーを 置いておきます
・便器の中に トイレットペーパーを 敷きます
・排泄が終わった時に、おしぼりで 利用者さんの手を 拭きます
・部屋の中の 空気の入れ替え（換気）をします

（『初任者研修課程テキスト3巻』日本医療企画、P356、図表3-5-17をもとに作成）

Column 「だいじょうぶ」は本当にだいじょうぶな時に使いましょう

　「だいじょうぶ」は、時どき とても便利な言葉です。あなたに 誰かが「だいじょうぶ？」と聞きます。あなたは「だいじょうぶ」と言います。でも本当に「だいじょうぶ」でしょうか。いろいろと うるさい言葉を言われると、面倒くさいなと思って、「だいじょうぶ」を使う人がいます。何のことなのかが わからなくても「だいじょうぶ」と言います。でも、それは、本当は良くないことですね。

　わからない時は、「教えてください」と言いましょう。本当は「だいじょうぶ」ではない時は、「ごめんなさい（すみません）、だいじょうぶではないです」と言いましょう。困っている時は、「困っています」と言いましょう。「ちょっとすみません。これはよくわかりません。何という意味ですか」と近くの先輩に聞きましょう。1回聞けば、あとはわかりますから 安心できます。

　便利な日本語は、「だいじょうぶです」「お願いします」「すみません」「教えてください」「わかりました」「ありがとうございます」です。質問する時は、必ず言葉の前に、「あの～」や「ちょっといいですか？」を言いましょう。相手も「何ですか？」と しっかり答えてくれますよ。

●おむつ交換の手順

・利用者さんに 説明して、許可を もらいます
・プライバシーに 気をつけます
・介助の前に 介護職員は 手を温めます
・皮膚と排泄物の観察をします
・指二本が入るくらいのゆるみを持って 新しいおむつを 交換します
・終了後、衣服と寝具を 整えます

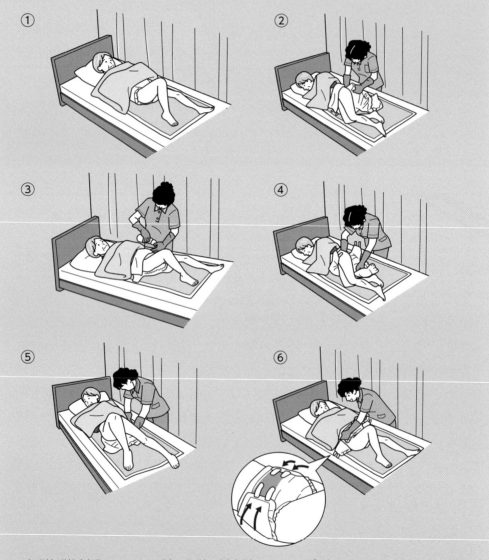

(『初任者研修課程テキスト3巻』日本医療企画、P354、図表3-5-11～16をもとに作成)

考えましょう

1．あなたの国のトイレと　日本のトイレは　どう違いますか。トイレの使い方に　どのような違いがありますか。

2．トイレ介助で　大切なことは何ですか。

聞きましょう

隣の人に　聞いてください。

1．どのようなトイレに　入りたいと思いますか。そして、どのようなトイレに　入りたくないと思いますか。それはどうしてですか。

2．どのようなトイレ介助をしてほしいですか。それはどうしてですか。

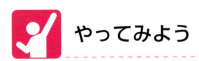 やってみよう

1．車いすからポータブルトイレへ移動介助をしてみましょう。

2．排便がしやすくなるように、お腹のマッサージをしてみましょう。

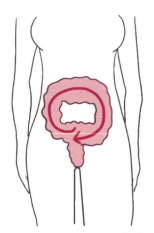

(『介護のしごと』日本医療企画、P99より)

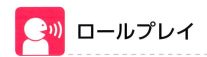 ロールプレイ

1. 田中ハル子さんは、昨日から お腹がゆるく、今日は 下痢になっていました。佐藤さんに 報告をしてください。

2. 鈴木信男さんは、「トイレには行きません」と言います。しかし、ご飯を食べましたから、トイレに行ったほうが良いです。どのようにして声をかけますか。

 **書きましょう**

今日は 何を勉強しましたか。何が大切ですか。何をしなければなりませんか。どう思いましたか。

3 排泄介助の留意点と事故予防

 排泄介助の留意点と事故予防

チェックリストで確認しましょう。

【ポータブル・トイレ】

	チェックリスト	1回目	2回目
1	利用者さんに説明して、許可をもらいましたか	☐	☐
2	プライバシーに気をつけましたか	☐	☐
3	利用者さんの排泄中、バスタオルをかけて、外に出ていましたか	☐	☐
4	利用者さんや介護職員がトイレットペーパーを取ることができる位置にトイレットペーパーを置いておきましたか	☐	☐
5	排泄が終わる時を考えて、声をかけましたか	☐	☐

【差し込み便器の介助】

	チェックリスト	1回目	2回目
1	利用者さんに説明して、許可をもらいましたか	☐	☐
2	利用者さんのからだの形に合った差し込み便器を使いましたか	☐	☐
3	プライバシーに気をつけましたか	☐	☐
4	利用者さんや介護職員がトイレットペーパーを取ることができる位置にトイレットペーパーを置いておきましたか	☐	☐
5	便器の中にトイレットペーパーを敷きましたか	☐	☐

		1回目	2回目
6	排泄が終わった時に、おしぼりで利用者さんの手を拭きましたか	☐	☐
7	部屋の中の空気の入れ替え（換気）をしましたか	☐	☐

【おむつ交換】

	チェックリスト	1回目	2回目
1	利用者さんに説明して、許可をもらいましたか	☐	☐
2	プライバシーに気をつけましたか	☐	☐
3	介助の前に介護職員は手を温めましたか	☐	☐
4	皮膚と排泄物の観察をしましたか	☐	☐
5	指二本が入るくらいのゆるみを持って新しいおむつを交換しましたか	☐	☐
6	終了後、衣服と寝具を整えましたか	☐	☐

第6章

衣服の着脱の介護

1 身じたくの意義と目的

身じたくの意義と目的

　身じたくは、顔を洗う、ひげをそる、化粧をする、髪をとかすなどです。利用者のできることは　自分で　できるようにします。そして、髪型や服の色、どのような服を着たいのか、口紅の色は　何色が良いか、利用者が楽しいと思うことが　できるようになることが　大切です。きれいになって、外へ出ます。いろんな人と　出会うことができますから、楽しいことが増えます。利用者のこころに　とても良いです。

　身じたくの目的は、
- 自分のからだを　守り、健康を　維持します
- 生活リズムを　つくります
- 社会の中で、他の人と　良い関係を　つくります
- 生活の楽しみを　増やし、QOLを向上させます
- 自分らしさを　表現します
- 自分への肯定感を　高め、プライドを　保ちます

●衣服を選ぶときのポイント
1. 吸湿性・通気性の良い素材
　　木綿は　普段着や肌着に、絹や麻は　おしゃれ着に　適しています。
2. 肌に刺激が少ない素材

高齢者は 皮脂や発汗量が減り、皮膚が 乾燥しやすいので、直接肌に触れる布地には、刺激で かゆくなったりしないものを 選びましょう。

3. **伸縮性があり機能的な素材**

からだの動きを妨げない ストレッチ素材が 適しています。

4. **からだに合ったサイズ**

サイズが合っていないと からだの動きを妨げるので、袖丈、着丈、ズボン丈など、からだに合っているものを選びましょう。

5. **脱ぎ履きしやすい靴**

靴は かかとが低く、甲に ゴムや面ファスナーが 貼ってあり、サイズが合った 脱ぎ履きしやすいものにします。

6. **個性や価値観を表現する**

利用者が 好きな色やデザインなど、その人らしさを 感じることのできる服を選びましょう。

衣服の役割
① 体温調整
② 皮膚の保護と衛生的機能
③ 快適な生活の維持
④ 個性の表現と社会生活の適応

(『介護のしごと』日本医療企画、P75より)

考えましょう

あなたは　どのようなデザインや色の服が　好きですか。

聞きましょう

隣の人に　聞いてください。

1. いつも　どこで　服を買いますか。あなたが一番好きな服は　どのような服ですか。どのような時に　その服を着ますか。

2. 衣服を選ぶときのポイントは　何ですか。

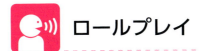 **ロールプレイ**

1. 朝になりました。鈴木信男さんの 身支度の介助をします。鈴木さんは、かっこいい服が好きです。今日は、曇り空で あまり天気が良くありません。少し寒いです。声かけをしてください。どのような服を選びますか。

2．田中ハル子さんは　たくさんきれいなブラウスを　持っています。
「花柄のブラウスを着たい」と言っていますが、そのブラウスは洗濯をして、まだ乾いていません。あなたは、どうしますか。

✏️ 書きましょう

今日は　何を勉強しましたか。何が大切ですか。何をしなければなりませんか。どう思いましたか。

2 基本的な着脱の介護

 基本的な着脱の介護

利用者の健康状態を 確認します。利用者が 衣服を着ることや脱ぐことに 同意して（「良いです」と決めて）から、衣服の着脱ができるように 準備をします。

まず 利用者が寒くないように、室内（部屋の中）を温めて、すきま風が入らないようにします。

●まひのある人の介助の基本
1. 脱健着患：脱ぐときは 健側（障害のない方）から脱ぎ、着るときは患側（障害のある方）から着ます。
2. 介護職員は 患側に立って 介助します。そして、利用者が 自分で ボタンを外すことや つけることができるように 声をかけて、利用者のできることを 見守ります。
※まひのある利用者は、袖のはばが広い服、伸縮性がある服を 選ぶと良いです。

◇前開きの服の脱ぎ方（左側に片まひがある人の場合）

- ボタンをはずして、健側（障害のない方）の 肩のまわりの衣服を下げます
- 健側の肩を引いて 健側の袖を脱ぎます
- 健側の手で 患側（障害のある方）の 襟から肩にかけて持ち、患側の袖を 脱ぎます
- 介護職員は 利用者さんができないところを 手伝います

◇前開きの服の着方（左側に片まひがある人の場合）

- 健側の手で 服の袖を持って、患側の腕に 袖を通します
- 健側の手で 襟を持って、肩まで 引き上げます
- 健側の服を 背中からまわして 健側の腕を 通します
- ボタンを とめます
- 介護職員は 利用者さんが できないところを 手伝います
着た服が 利用者さんの肩や背中など、からだに合っているかを 確認します

  しわになっているところを のばします

（『介護のしごと』日本医療企画、P81より、一部改変）

◇脱ぐ
- 声かけをします
- 介護職員は 利用者さんの患側に立ち、利用者さんの 腰と患側の膝、足の先を 支えます
- 利用者さんが 立ち上がる時、利用者さんは 足を肩はばに広げ、前かがみになります
- 健側→患側の順に ズボンを脱ぎます
- 患側の足からズボンを脱ぐ時、利用者さんは 患側の足を 健側の足の上に 組みます
- 膝のところから 少しずつズボンを下ろして 脱ぎます

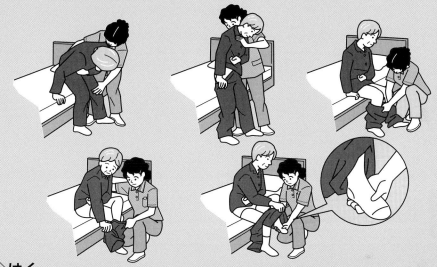

◇はく
- 声かけをします
- 患側の足を ズボンに通す時、ズボンの裾を まとめながら裾口から 自分の手を通し、裾口を通した手で 利用者の患側の足を支えながら 裾に利用者さんの足首を 通します
- 患側→健側の順に足をズボンに通します
- 利用者さんが立ち上がる時に、患側の足の前に介護職員の足を置いて、利用者さんを支えます

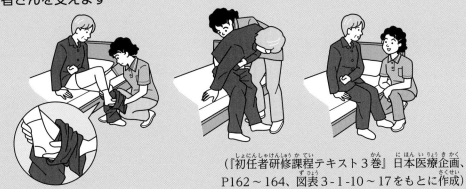

(『初任者研修課程テキスト3巻』日本医療企画、P162～164、図表3-1-10～17をもとに作成)

考えましょう

1. あなたは 右腕を骨折しました。今、着ている服を どのようにして脱ぎますか。

2. 車いすの人は、どのようにしてズボンを脱ぎますか。

聞きましょう

隣の人に 聞いてください。

1. 左手を使うことができない時、どのような服を選んで 着ますか。

2. 脱健着患は 何ですか。

 **やってみよう**

　隣の人と　ペアになります。ペアの人は　右側にまひのある人になります。ペアの人が　服を着ることが　できるようにしてください。次に、あなたが　左側にまひのある人になって、ペアの人と　衣服の着脱を練習してください。

ロールプレイ

1. 朝です。田中ハル子さんは、これから着替えます。田中さんはまだ　ベッドの上です。どこで着替えをしますか。ベッドの上ですか。車いすですか。

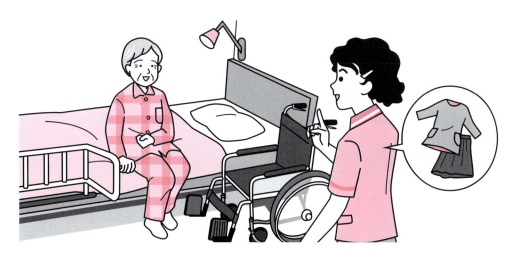

2．高木大二郎さんは、指先がうまく動かないので ボタンを留めることを 嫌だと言います。しかし、できることはできるようにした方が良いので、頑張って ボタンを 留めてほしいです。声かけをしてください。

✏ 書きましょう

今日は 何を勉強しましたか。何が大切ですか。何をしなければなりませんか。どう思いましたか。

3 着脱介助の留意点と事故予防

着脱介助の留意点と事故予防

チェックリストで確認しましょう。

●前開きの上着の着脱

【脱ぐ】

	チェックリスト	1回目	2回目
1	正しい声かけをすることができましたか	☐	☐
2	利用者さんがボタンを外す時、できないところは手伝いましたか	☐	☐
3	健側→患側の順に脱ぎましたか	☐	☐

【着る】

	チェックリスト	1回目	2回目
1	正しい声かけをすることができましたか	☐	☐
2	健側の手や腕を使って、患側から着ましたか	☐	☐
3	健側の手や腕を服に通す時、通しやすいように介助しましたか	☐	☐

●ズボンの着脱

【脱ぐ】

	チェックリスト	1回目	2回目
1	正しい声かけをすることができましたか	☐	☐
2	介護職員は利用者さんの患側に立ち、利用者さんの腰と患側の膝、足の先を支えましたか	☐	☐
3	利用者さんが立ち上がる時、利用者さんは足を肩はばに広げ、前かがみになりましたか	☐	☐
4	健側→患側の順にズボンを脱ぎましたか	☐	☐
5	患側の足からズボンを脱ぐ時、利用者さんは患側の足を健側の足の上に組みましたか	☐	☐
6	膝のところから少しずつズボンを下ろして脱ぐことができましたか	☐	☐

【はく】

	チェックリスト	1回目	2回目
1	正しい声かけをすることができましたか	☐	☐
2	患側の足をズボンに通す時、正しい介助ができましたか	☐	☐
3	患側→健側の順に足をズボンに通しましたか	☐	☐
4	利用者さんが立ち上がる時に、患側の足の前に介護職員の足を置いて、利用者さんを支えましたか	☐	☐

知っておきたい介護

「整容」

整容は、洗面・洗顔（顔を洗うこと）、口腔内（口の中）の清潔、洗髪（髪を洗うこと）・整髪（髪を整えること）、ひげの手入れ、爪の手入れ、化粧です。

例えば、女性の利用者さんが　顔を洗ったあとで、利用者さんに　化粧水をつけたり、クリームを塗ったり、口紅を塗ったりすることは、「その人らしさ」を大切にするためです。

◎洗顔

顔を洗うことができる人は、洗面所で行いますが、座ることができる人は、洗面器や蒸しタオルを使って、自分でできるように支援します。夏は水、冬はぬるま湯を使います。

顔を拭く時は、感染予防のため、目頭から目尻にかけて　拭きます。目やにが　ついている時は、湿ったガーゼで　優しく拭き取ります。耳や耳介（耳の後ろ）も拭きます。洗顔後は　皮膚が乾燥しないように、化粧水や　乳液で保護します。

◎整髪

頭皮は　汚れやすいので、頭皮を　清潔に保つために　洗髪します。髪をとかす時は、利用者さんの肩に　タオルをかけて、衣服に　髪の毛が　つかないようにします。できるだけ　利用者さんが自分でできるようにします。整髪したら、鏡で確認します。抜け落ちた髪の毛は　ゴミ箱に捨てます。

◎爪の手入れ

介護職員は、爪や　爪の周りの皮膚に　異常や炎症がない時に　行うことができます。水虫などの処置は　看護師が行います。爪は　入浴後など、爪がやわらかくなった時に、安全に切ります。

◎化粧

女性にとって、化粧は　身だしなみの一つです。化粧は、「気持ちを

ウキウキさせる」「気持ちが明るくなり　気分が良い」「楽しくて　どこかに行きたい　気持ちになる」「若返った気持ちになる」という効果があります。

◎**ひげそり**
　介護職員は　カミソリでの介助はできません。電気カミソリでの介助はできます。カミソリを使う時は、必ず　石けんかひげそり用のクリームで　カミソリが　滑りやすいようにします。ひげをそる前に　温かいタオルで温めて、ひげを　やわらかくしてから、電気カミソリを使います。

◎**鼻掃除**
　綿棒に　ベビーオイルをつけて、鼻の中の汚れを取ります。もしくは、ティッシュペーパーを　軽く丸めて、鼻の中に入れて取ります。鼻毛が伸びているときは、ベビーハサミか鼻毛用のハサミで　切ります。鼻水は　利用者さんが　鼻をかむことができる時は　かんでもらいますが、できない時は　スポイトなどで取ります。

◎**耳掃除**（介護職員は　耳垢塞栓のある利用者さんの掃除は　できません）
　耳掃除の時は、利用者さんに　耳を掃除することを伝えて、顔を横に向けて、頭部を軽く押さえて　固定します。そして、綿棒に　ベビーオイルをつけて　耳あかをやわらかくしてから、耳かきやピンセットでゆっくりと取ります。

第7章

入浴・身体の清潔の介護

1 入浴・身体の清潔の意義と目的

 入浴・身体の清潔の意義と目的

　身体をきれいにするのは、汚れを落とすだけではなく、その人が気持ちよくなったり、血行を良くしたりするためです。きれいにしている人は、周りの人に良い印象を与えます。

　入浴には、①身体を清潔にすること、②身体を温め、血液の循環を良くすること、③新陳代謝が促されること、④ゆったりした気分でリラックスできること、⑤安眠ができること、という効果があります。しかし、入浴では、体力の消耗や湯冷めによる風邪、心臓発作やのぼせ、転倒やおぼれなどの事故の危険があるので、入浴介助の時は、利用者が安全・安楽に入浴できるようにしなければなりません。

●入浴介助のポイント

1．入浴前
昼間の温かい時間帯に入浴します。ご飯を食べたすぐ後やお腹がすいている時はできるだけ入浴をしないようにします。脱衣場と浴室の温度の差をなくします。お湯の温度は38～41℃です。水分補給をします。

2．入浴中
浴室や浴槽の中に、滑り止めマットを敷くなど、安全を確保します。高血圧の人や心臓や肺に病気のある人のお湯は胸より下のほうが良い

です。半身浴や　シャワーでも良いです。手足のまひがある人は、お風呂の中で　からだを動かしたりして　機能回復に　役立てます。

入浴時間は　全部で　15分くらいです。熱いお湯に、長い時間つかると、心拍数や血圧が　上がったりするので、疲れてしまいますから　気をつけましょう。

3. 入浴後
体温が下がらないように、バスタオルで　からだの水分を　よく拭きとります。汗が出ますから、水分補給をします。

4. 緊急時の対応と注意点
入浴を中止して、からだを拭いて、平らな場所で　安静にします。
浴槽でおぼれたら、すぐに　浴槽の栓を抜き、気道を確保します。
脳貧血の場合は、仰臥位で　安静にします。
のぼせた時は、冷水か冷たいタオルで　顔を拭き、安静にして、水分補給をします。

 考えましょう

1. あなたの国では、家にお風呂がありますか。いつも浴槽に　お湯をためて入りますか。シャワーですか。

2. あなたがシャワーや お風呂に入りたい（お湯につかりたい）時は、どのような時ですか。

🔊 聞きましょう

隣の人に 聞いてください。

1. 入浴の効果は何ですか。

------

2. 入浴後、いつも何をしますか。

🕺 やってみよう

1. 隣の人の手を 洗ってみましょう。

2．どのような気分になりましたか。発表してください。

 ロールプレイ

1．今日、鈴木信男さんが 入浴する日です。でも、「入浴が嫌だ」と言います。そして、とても怒っています。どのようにして、声をかけますか。

2．佐藤さんが 田中ハル子さんの上着を脱ぐ介助の時に、いすのひじ掛けのところへ 田中さんの腕が 当たってしまい、「痛い、痛い」と言っています。佐藤さんは あやまりましたが、困っています。ケガはありません。あなたは、どうしますか。

✏️ 書きましょう

今日は 何を勉強しましたか。何が大切ですか。何をしなければなりませんか。どう思いましたか。

2 基本的な入浴の介護

基本的な入浴の介護

　入浴介助は、浴室まで移動、衣服を脱ぐ、浴室に入る、からだを洗う（髪を洗う）、浴槽へ入る、お湯につかる、浴槽を出る、浴室を出る、からだを拭く（髪を乾かす）、衣服を着る、居室や食堂まで移動、です。

　入浴は、利用者のプライドを傷つけないようにしなければなりません。恥ずかしいという気持ちで「入浴が嫌だ」と言う利用者もいます。利用者の生活歴を考えて、利用者に声かけをして入浴をすすめましょう。

　入浴は、浴槽でおぼれたり、浴室ですべったり、危険なことが多いですから、利用者が安全に入ることができるようにします。

●入浴時の観察と確認のポイント
1．入浴前
・身体の状態（体調）と　こころや気持ちの状態
・食事と水分補給の状況（お腹がいっぱい（満腹）か、お腹が空いている（空腹）か、いつ水を飲んだか　など）
・排泄の状況（時間、下痢、便秘、カテーテル使用、ストーマをしているかどうか）
・浴室と脱衣室の状況（室温、段差、いす、タオルなど）
・お湯の温度
・利用者の気持ち

2．入浴中

・身体の状態
　①皮膚（乾燥していないか、湿疹やかぶれはないか、傷はないか　など）
　②手足に　むくみ（浮腫）はないか
　③爪に　変化がないか
　④顔色や気分
　⑤栄養状態
　⑥関節の動き

3．入浴後

・体調の変化はないか
・こころやからだに　異常はないか

考えましょう

1．あなたは、他の人と一緒に　お風呂に入ることはできますか。

2．入浴の時のポイントは何ですか。

🎧 聞きましょう

隣の人に 聞いてください。

1. シャワーの温度は 熱い方が好きですか。ぬるい方が好きですか。

2. あなたの部屋の 浴室や脱衣所に 鏡はありますか。いつも鏡で何を確認しますか。

🙋 やってみよう

隣の人と 入浴前の準備をしてみましょう。

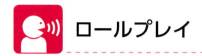 ロールプレイ

1. 高木大二郎さんは、お風呂が大好きです。とてもうれしそうに浴槽に浸かっています。もう5分以上　入っていますが、高木さんは　血圧が高いですから　出なければなりません。どのようにして声をかけますか。

------

2. 鈴木信男さんが、自分で　からだを洗っています。背中に、赤い湿疹があります。今日は　先輩の佐藤さんも一緒に　入浴介助をしていますから、佐藤さんに声をかけて、鈴木さんの背中の　湿疹について　話をしてください。

✏️ 書きましょう

今日は　何を勉強しましたか。何が大切ですか。何をしなければなりませんか。どう思いましたか。

1）特殊浴槽

　機械浴は、機械を使う時に　十分注意をしなければなりません。介助は　二人でします。利用者さんは　ストレッチャーで移動します。衣服の着脱を行う時、ストレッチャーから、落ちないように気をつけます。

　機械浴には　専用のストレッチャーがあります。そのストレッチャーは　スライディング機能が　ついているので、利用者さんは　横の移動で　浴槽に入ることができます。そして、移動の時は、ロックしているかどうか確認をします。

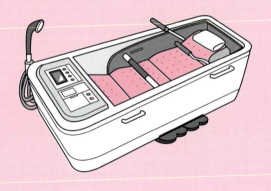

考えましょう

機械浴の時に、何に気をつけなければなりませんか。

聞きましょう

隣の人に　聞いてください。

　隣の人と　機械浴の担当になりました。どちらが　何を介助するのか　決めてください。そして、何をどのようにするのか　話し合ってください。

やってみよう

施設にある機械浴を　見てみてください。

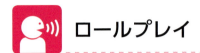 **ロールプレイ**

1. あなたは 佐藤さんと いっしょに 田中ハル子さんの 機械浴をすることになりました。佐藤さんに 何を確認しなければなりませんか。

---

2. 入浴のあと、田中ハル子さんは 少し疲れています。汗をかいています。あなたは、どうしますか。

✏️ 書きましょう

今日は　何を勉強しましたか。何が大切ですか。何をしなければなりませんか。どう思いましたか。

Column: コミュニケーションは時間をかけて

　あなたが介護をする時、利用者さんのことをもっと「わかりたい」と思うでしょう。しかし、利用者さんは方言（地域の言葉）を使います。だから、その方言がわからないので、何をしたいのか　わからないことがあります。そして、利用者さんは「あれ」「これ」「それ」で話をしますから、どうしていいのか　わからないことも　あるかもしれません。わかりたいという気持ちと、自分の能力がうまく合わないので、もどかしかったり　あせったりすることもあるでしょう。

　実は、そんな時、ご利用者さんも　あなたと同じ気持ちです。利用者さんは、外国人のみなさんに　介護をしてもらうことに、すぐに慣れる人とすぐに慣れない人がいます。どのようにして話すことが良いのか、わからないと思っている人も　いるかもしれません。しかし、あなたの気持ちは　必ず通じます。だから、あなたも　利用者さんに積極的に話しかけて、どんなことが好きなのか、どんな歌が好きなのか、どんな食べ物が好きなのかなど、たくさん聞いてみてください。

　コミュニケーションで一番大切なのは、声かけとスキンシップです。みなさんが　一番得意なことですね。みなさんの笑顔で、毎日しっかり声かけをしてください。そして、そっと利用者さんの手に　あなたの手を添えてください。利用者さんも　きっと笑顔でこたえてくれますよ。

2）チェアー浴

　片まひの利用者さんは、自分で　できることがあります。できることはやってもらいます。介護職員は、まひ側に立って、介助します。

●からだを洗う介助のポイント

①シャワーチェアを　温めます。利用者さんが　転倒しないように　安全を確認します。

②からだを洗う前に　かけ湯でからだを温めます。やけどをしないように温度を　手で確認します。利用者さんも　自分の手で　温度を確認します。

③かけ湯の順は、心臓から遠いところから　かけます（足→手→お腹→全身）。

④からだを洗う時、利用者さんができるところは、利用者さんが　自分のからだを洗います。

⑤できないところや　まだ洗っていないところは　介護職員が洗います。利用者さんは　手すりや浴槽の縁や　介護職員の腕をつかみ、前かがみになります。

⑥からだを洗う順は、洗顔→上半身→下半身→臀部→陰部→肛門部。心臓から遠いところから　心臓に近いところに向かって　洗います。

⑦陰部を洗う時は、前は利用者さんが、後ろは介護職員が　洗います。

⑧首や耳、関節、指の間、陰部は　特に　ていねいに洗います。

3）一般浴槽

片まひの利用者さんは、まひ側に立って、からだを支えながら、介助します。

●浴槽の出入り（片まひの人の入浴介助）
・利用者さんに　入浴介助をすることを説明し、許可をもらいます
・入浴前に　利用者さんの体調の確認、排泄があるかないかを　確認します
・利用者さんのプライバシーに　気をつけます
・転倒しないように　注意します
・かけ湯は、心臓から遠い部分から　かけ始めます
・利用者さんができることは、利用者さんが　自分でするようにします
・利用者さんは　健側から浴槽（お風呂）に入ります
・浴槽からの立ち上がりの時、立ちくらみがないように　注意します
・入浴後、利用者さんに　水分補給をします

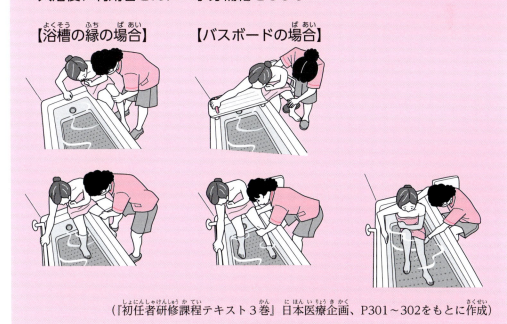

（『初任者研修課程テキスト3巻』日本医療企画、P301〜302をもとに作成）

考えましょう

1．あなたは、お風呂で　からだを洗う時、どこから洗いますか。

2．からだを洗う介助の　ポイントは何ですか。

聞きましょう

隣の人に　聞いてください。

1．手や足のケガをして、お風呂や　シャワーに　入ったことがありますか。どのように　お風呂やシャワーに　入りましたか。

2．入浴介助では、何に注意をしなければなりませんか。

 **やってみよう**

浴槽（お風呂）に入る・出る練習をしてみましょう。

 ロールプレイ

1．今日は 高木大二郎さんが お風呂に入ります。お風呂の順番を待っていますが、なかなか順番がやってきません。高木さんは 大きな浴槽が好きですから、「早く入りたい」と言います。どうしますか。

2. 鈴木信男さんは、いつも自分で右手を使って からだを洗いますが、今日は あまり自分で洗いません。どうしますか。

 書きましょう

今日は 何を勉強しましたか。何が大切ですか。何をしなければなりませんか。どう思いましたか。

3 入浴以外の身体清潔の方法

 1）足浴・手浴

　足や手を温めて、血行を良くします。また、気分も安定します。介助をする時は、コミュニケーションをしっかりとって、爪や 皮膚などの状態を 観察します。

●準備するもの
①洗面器（たらい）　②汚水用バケツ　③バスタオル・ハンドタオル　④防水シーツ　⑤クッション枕　⑥お湯（40℃くらい。手浴のときは38～41℃）　⑦ピッチャー　⑧石けん　⑨保湿クリーム　⑩爪切り
感染症がある利用者さんの時は 使い捨て手袋を 用意します

◆足浴の時に 注意すること
- ベッドのシーツや布団、衣服が濡れないように 防水シーツを敷き、バスタオルを敷きます。
- お湯の量は 足を入れた時に、お湯が あふれ出ないように 準備します。
- 足は 5分くらい 浸します。
- お湯が冷めないように、お湯を足しますが、その時に お湯が 利用者の足に かからないように 注意します。
- お湯の温度を 確認しながら かけ湯をします。

◆手浴のときに注意すること
- 利用者の状態に合わせて 体位を工夫します。からだが 安定した状態にします。
- お湯の温度が 熱くないか 確認をします。

・石けんで　汚れがたまりやすいところを　洗ってから、お湯を　交換して、汚れと石けんを　洗い流します。

2）身体清拭

　入浴やシャワーに　入ることができない時に、温かいお湯や石けんを使って　全身を拭いて、清潔にする方法です。

　皮膚の状態や　汚れの状態によって、石けん、清拭材、蒸しタオルを　使います。

　清拭で、さわやかな気持ちになることができて、温かい刺激とマッサージで　血行がよくなります。利用者さんとのコミュニケーションの場になります。

　顔や胸、背中を拭く時は、蒸しタオルを　しばらく当ててから拭き、汚れを落とします。

●清拭

　清拭は、食前・食後１時間以内はしません。冬は、一日の中で　一番温かい時間にしたほうが良いです。そして、利用者さんの気分の良い時が良いです。清拭は　30分くらいでします。利用者さんにからだを拭くことを説明して許可をもらいます。ベッドの高さを調節します。室温は22〜24℃で、プライバシーを　しっかり守りましょう。

　お湯は、全身清拭には8L、温度は　55〜60℃のものを　用意して、使う時に　水を加えて　温度を調節します。

清拭の方法

①顔から首

目→額→鼻→頬→口→下顎の順に 拭きます。目は 片側を 目頭から目尻にかけて 拭き、タオル面を換えて、もう片方の目を 拭き、目ヤニを拭き取ります。額と鼻、頬は 中心から外側に 向かって拭きます。口は 円を描くように拭き、下顎は 輪郭にそって 拭きます。

②耳から首

耳は 指に 濡れタオルを巻きつけ、耳の穴と耳の外側を 拭きます。首は 汗がたまりやすいので、苦しくならないように 優しく拭きます。

③腕

手→前腕→肘→上腕→わきの下→肩の順に拭きます。手は、手の甲→手のひら→指の間の順です。わきの下は、臭いがあるので、石けんをつけた 濡れタオルなどを使って ていねいに拭きます。

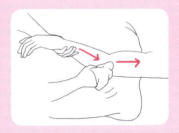

④胸部

バスタオルで 胸を隠しながら 首の付け根から 胸の上側を拭きます。

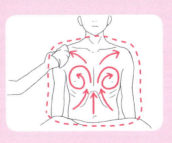

⑤腹部
　バスタオルで　胸を　覆った状態で、下腹部のところをめくり「の」の字を書くように拭きます。

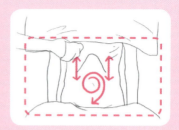

⑥下肢
　足→下腿前側→下腿後側→大腿の順に　拭きます。足は　足浴ができない場合、タオルで　足を包み、温熱刺激を与えてから、足の甲→足の裏→指の間の順に　拭きます。

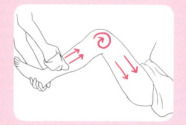

⑦背中・腰
　背中は　ストローキング（さするように）マッサージを行い、血行を促します。肩甲骨や仙骨部など　褥瘡がないか、皮膚の状態を　観察します。腰は、筋肉にそって、下から上へ拭きます。

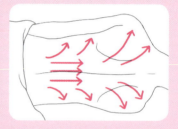

⑧臀部（お尻）
　陰部・肛門部の　汚れやかぶれが　あるかどうか　チェックします。汚れている場合は、濡れタオルを　取り換えて拭きます。

（『介護のしごと』日本医療企画、P94〜95より）

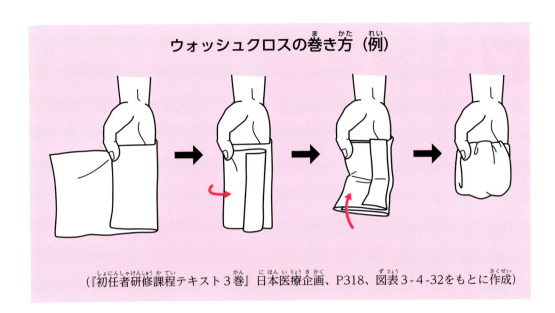

(『初任者研修課程テキスト3巻』日本医療企画、P318、図表3-4-32をもとに作成)

 考えましょう

　手をマッサージしてみてください。どのような気持ちになりましたか。

 聞きましょう

　隣の人に　聞いてください。
　隣の人と　手をマッサージしてみてください。お互いに　お話をしながらしてみましょう。どのような気持ちになりましたか。

やってみよう

1．ウォッシュクロスを持ってみましょう。隣の人の手から腕までを拭いてみてください。

2．どのような気分でしたか。発表しましょう。

 ロールプレイ

1．高木大二郎さんの体調があまり良くないので、足浴をすることになりました。高木さんは少しさみしい気持ちです。何を準備して、どのようにして声をかけますか。

2．鈴木信男さんは 熱いお湯が好きです。しかし、お湯の温度が
あまり高くありません。鈴木さんは、少し怒っています。あなたは
かけ湯の温度を 間違えてしまいました。どうしますか。

✏️ 書きましょう

今日は 何を勉強しましたか。何が大切ですか。何をしなければな
りませんか。どう思いましたか。

165

4 褥瘡の予防

 褥瘡の予防

褥瘡は、床ずれのことです。長い間、臥床をしていたため、からだの一部に力がかかって、血液の循環障害が起きて、皮膚が赤くなって、潰瘍や壊死になった状態です。褥瘡は、お尻や腰、背中、足にできやすいです。褥瘡は　治りにくいので、おむつや衣服を　よく取り替えて、皮膚を乾燥させましょう。1～3時間ごとに　体位変換をすることが　大切です。

 考えましょう

1．どうして褥瘡になりますか。

2．褥瘡にならないようにするために　何をしなければなりませんか。

聞きましょう

隣の人に聞いてください。

あなたの家族に 褥瘡がありました。どのような気持ちになりますか。介護職員に 何をお願いしますか。

ロールプレイ

あなたが 田中ハル子さんに 靴下を履く介助をしている時に、田中さんの足首が 赤く腫れていることを 見つけました。佐藤さんは「昨日も 赤く腫れていた」と言いました。どうしますか。

✏️ 書きましょう

今日は 何を勉強しましたか。何が大切ですか。何をしなければなりませんか。どう思いましたか。

Column 利用者さんとお別れの悲しみを乗り越えて

　ペルー出身のAさんの話です。ある日、92歳の利用者のSさんが亡くなりました。いつも家族の気持ちで介護をしていましたから、Aさんは、とても悲しかったです。Sさんの足は冷たくなりますから、Aさんは、Sさんの足を温めようとしました。だから、施設に家族が来るまでの間、Aさんは、Sさんの足を「もうすぐご家族が来ますよ」と泣きながら、ずっとさすっていました。

　しかし、Aさんは施設長に呼び出されます。「いつまで、泣いているの！　そんなに泣いていても仕方ないのよ」と叱られました。Aさんは、とてもショックでした。また涙がたくさん出ました。施設に来たご家族も、冷たい態度だったので、Aさんは、もっと悲しくなりました。だから、施設の外に行って、一人で泣いていました。

　そこへ、日本人の先輩が来ました。「Aさんは、とても優しい人ですね。私たちも、とても悲しいですよ。でもね、ご利用者さんは他にもたくさんいます。いつも明るいAさんがいつまでも泣いていたら、ご利用者さんたちは『どうしたんだろう』と不安になってしまうよ」と言いました。Aさんは、利用者さんに悲しい姿を見せてはいけないとわかったそうです。

5 入浴・身体清潔の介助の留意点と事故予防

入浴・身体清潔の介助の留意点と事故予防

チェックリストで確認しましょう。

● 入浴介助

【入浴介助】

	チェックリスト	1回目	2回目
1	環境を整えましたか	☐	☐
2	安全な入浴介助をしましたか	☐	☐
3	事故を予防しましたか	☐	☐
4	湯冷めに気をつけましたか	☐	☐
5	水分を補給しましたか	☐	☐

【片まひの人の入浴介助】

	チェックリスト	1回目	2回目
1	利用者さんに入浴介助をすることを説明し、許可をもらいましたか	☐	☐
2	入浴前に利用者さんの体調の確認、排泄があるかないかの確認をしましたか	☐	☐
3	利用者さんのプライバシーに気をつけましたか	☐	☐
4	転倒に注意しましたか	☐	☐
5	かけ湯は、心臓から遠い部分からかけ始めましたか	☐	☐

		1回目	2回目
6	利用者さんができることは、利用者さんが自分でしましたか	☐	☐
7	利用者さんは健側から浴槽（お風呂）に入りましたか	☐	☐
8	浴槽からの立ち上がりの時、立ちくらみに注意することができましたか	☐	☐
9	入浴後、利用者さんに水分補給をしましたか	☐	☐

●清拭

【清拭】

	チェックリスト	1回目	2回目
1	利用者さんにこれからからだを拭くことを説明して、許可をもらいましたか	☐	☐
2	介助しやすいようにベッドの高さを調節しましたか	☐	☐
3	利用者さんのプライバシーに気をつけましたか	☐	☐
4	頭→手、腕、ひじ→胸→足、すね、膝、太もも→背中→腰→臀部（お尻）の順に拭きましたか	☐	☐
5	拭いていないところにバスタオルなどをかけて隠してしましたか	☐	☐
6	お腹は「の」の字を書くように拭きましたか	☐	☐
7	背中を拭く時に、ストローキングマッサージを忘れないようにしましたか	☐	☐
8	全身の観察をしましたか	☐	☐

第8章

その他の介護

1 口腔ケア

 口腔ケア

　口腔ケアは、口の中をきれいにして、口の中の臭いや 細菌が増えることを防ぎます。口腔ケアで、全身感染や誤嚥性肺炎を予防し、リハビリテーションで QOLの向上を目指します。口腔ケアの方法には、ブラッシング法、口腔清拭、うがいがあります。

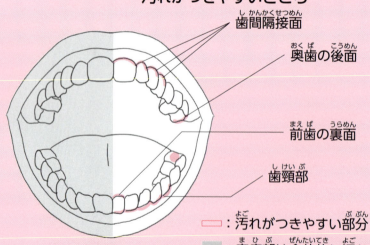

●口腔ケアの効果と汚れがつきやすい部分
　口腔ケアで、口の中の疾患や細菌が増えること、口の臭いを予防します。また、食欲が出て、気分がさわやかになります。

汚れがつきやすいところ
- 歯間隔接面
- 奥歯の後面
- 前歯の裏面
- 歯頸部

□：汚れがつきやすい部分
■：麻痺部は全体的に汚れがつきやすい

出典：新介護福祉士養成講座『生活支援技術2』第2版、中央法規出版、P47、図2-17
（『介護のしごと』日本医療企画、P82より）

口腔ケアの方法

●ブラッシング

①口を開ける

介護職員は 手袋をはめ、人差し指を 利用者の口腔内に 入れて、唇を押し広げます。

②歯ブラシをあてる

利用者の口腔内の状況により、歯ブラシの大きさや硬さを選びます。歯と歯肉の境目に 歯ブラシを 差し込まないようにして、毛先を 細かく左右に 振動させます。力を入れすぎないようにしましょう。

●義歯の着脱方法

①外すとき

下あごの義歯を外してから 上あごの義歯を外します。

・総義歯の場合
　上顎義歯

　後方を下にさげる

・部分床義歯（クラスプつき義歯）の場合
　上あご　　　　下あご

②入れるとき

入れる前に 口の中に 食べ物が残っていないか 確認します。義歯を斜めにして 口に入れます。上あごの義歯を先に入れてから、下あごの義歯を 入れます。

●義歯の保管方法

毎食後、義歯を取り外し、流水の下で、硬めの歯ブラシか義歯用の歯ブラシで きれいに洗います。落として 壊したり、排水口に 流したりしないようにします。就寝時は、義歯を 取り外します。外したら、清潔な水や 義歯洗浄剤の入った ふた付き容器の中に入れて 保管します。容器の水は、毎日 取り換えます。

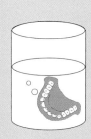

(『介護のしごと』日本医療企画、P83より)

考えましょう

1. なぜ、口腔ケアが大切ですか。

2. 何歳まで、自分の歯で ご飯を食べたいですか。

聞きましょう

隣の人に 聞いてください。
口腔ケアをしないと、どうなりますか。

やってみよう

隣の人とお互いに口腔ケアをしてみてください。

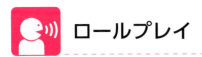 ロールプレイ

1. 高木大二郎さんは 上と下に 入れ歯（義歯）があります。どちらを先に外しますか。また、どのように声をかけますか。

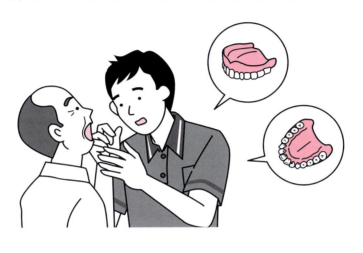

2. 田中ハル子さんが ご飯を 口の中に たくさん入れたままでいます。飲み込もうとしません。そのため、口腔ケアができません。どうしますか。

✏️ 書きましょう

今日は 何を勉強しましたか。何が大切ですか。何をしなければなりませんか。どう思いましたか。

2 看取り

看取り

　私たちは、できるだけ長く生きていたい（延命治療）、苦しんで死にたくない（苦痛緩和）、最期まで　自分らしく生きていたい（自己実現）など、死ぬ前に　どうして生きていたいかを　考えています。終末期ケアは、利用者さんに　残されている時間、こころとからだの介護をして、利用者さんが　安心して、死を迎えることができるようにすることです。

> ●看取り期のポイント
> ①看取り期でも「利用者さんの人生は、利用者さん本人が　主役である」という考え方と　自立支援が大切です。利用者さんが　死ぬ前に、どのような死を迎えたいか、利用者さんの気持ちや　家族の気持ちを　聞いておくこと。
> ②痛みや苦しみを　弱めるため、病院と連携をすること。
> ③死にゆく人（利用者さん）の尊厳を守ること。
> ④最期まで、その人らしく　生きられるようにすること。
> ⑤利用者さんの家族や　医療・介護職員だけでなく、利用者さんの　近所の人や友人との交流を　やめないこと。

考えましょう

1．あなたは、どのように死を迎えたいですか。

2．あなたの家族や親しい人が　死んだ時、どのような気持ちでしたか。

聞きましょう

隣の人に　聞いてください。

1．どのような死を迎えたいと考えていますか。

2．家族が死んでしまうと思った時、どのようなことを考えますか。

ロールプレイ

1. 田中ハル子さんが、誤嚥性肺炎になって、1か月が経ちました。とうとう 寝たきりになってしまいました。もう自分でご飯を食べることができなくなってしまったので、どんどんからだが弱くなっています。医師（お医者さん）は、「あと1か月の命だ」と言っていると 佐藤さんから聞きました。あなたは、どのような介護をしますか。

2. 季節は秋です。だんだん、寒くなりました。田中ハル子さんは、今朝、ペースメーカーをつけました。医師（お医者さん）は、「あと1週間 生きることができないかもしれない」と言いました。家族は、遠くに住んでいて、なかなか会いに来ることができませんから、「看取りは まどかホームでしてほしい」と言いました。田中さんは、いつも一人です。あなたは、どのような介護をしますか。

✏️ 書きましょう

今日は 何を勉強しましたか。何が大切ですか。何をしなければなりませんか。どう思いましたか。

確認テスト

【問題1】 介護をするときの ルールについて、（　　）の中に、下の▢の中から 適切な言葉を 入れなさい。

① 自立支援
② 利用者の（　　）を 大切にすること
③ 利用者の生活を 大切にすること
④ 利用者が 自分らしくいることが できるようにすること
⑤ 利用者の（　　）を 引き出すこと
⑥ 利用者の習慣や 文化、価値観を 大切にすること
⑦ 医療や福祉の人と 協力すること
⑧ やさしいこころと 強いこころを 持つこと
⑨ 技術を 磨くこと

> 人権、　差別、　不安、　やる気

【問題2】老化による こころとからだの変化について、正しいものを一つ選び、○をつけなさい。

① （　　）白内障は、明るいところが 暗いところのように 感じることです。
② （　　）高齢で皮膚を保護する力が 低くなるので、肌が 乾燥して かゆくなることはありません。
③ （　　）舌や喉の筋肉が うまく動かないので、誤嚥に 注意しなければなりません。
④ （　　）高齢者は、からだに必要な水分量が少ないので、脱水症に

はなりません。

⑤（　　）低栄養になると、褥瘡は起こりにくくなります。

【問題3】入浴介助で注意することについて、正しいものに○、正しくないものに×をつけなさい。

① （　　）入浴は、昼間の温かい時間帯にしたほうが良いです。
② （　　）ぬるめのお湯であれば、長時間入っていても良いです。
③ （　　）着替えの前に、水分を丁寧に拭き取ることが大切です。
④ （　　）入浴する前と後に、十分な水分補給をします。
⑤ （　　）浴槽でおぼれた時は、すぐに栓を抜いて湯を流し、気道を確保します。

【問題4】排泄介助について、正しいほうに○をつけなさい。
① （　　）便秘のときは、マッサージをすると効果があります。
② （　　）排便のときは、すぐにおむつをつけるようにします。

解答

【問題1】　②人権　　⑤やる気
【問題2】　③
【問題3】　①○　②×　③○　④○　⑤○
【問題4】　①

資料編

介護の場面で使うものの名称

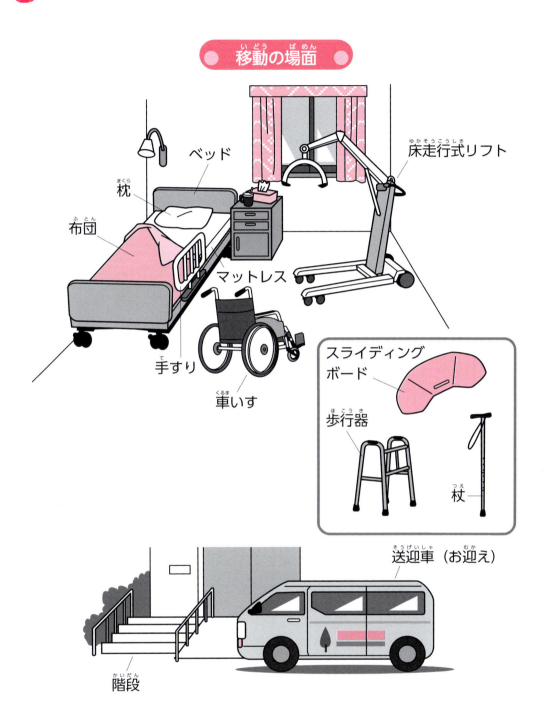

食事の場面

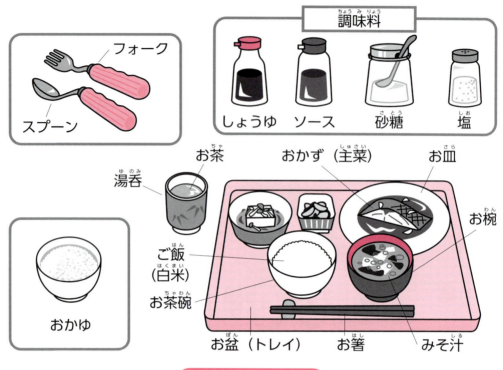

排泄の場面

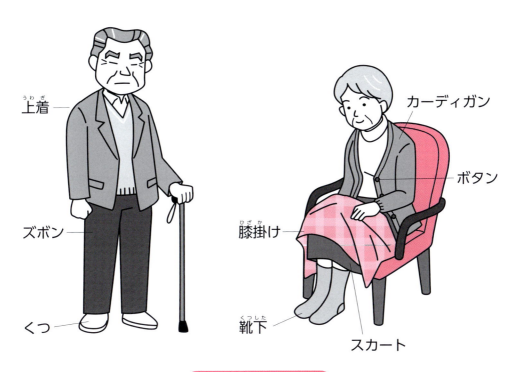

日本の行事・しきたり

● 年間行事

1月

お正月

新年をお祝いする1年で最も大きな行事です。1日を元日といい、1日から3日までを三が日といいます。家にはしめ飾りや門松、鏡もちを飾り、おせち料理を食べます。お雑煮は、元日の朝に食べます。近所の神社に初詣をして、おみくじを引いたり、カルタ取りや書初めをしたりします。子どもたちは、お年玉をもらいます。

春の七草

セリ、ナズナ、ゴギョウ、ハコベラ、ホトケノザ、スズナ、スズシロを春の七草と呼びます。7日にはこれらをおかゆに入れたもの（七草粥）を食べます。

成人の日

日本では二十歳になると大人と認められます。成人式は、新しく大人になった人たちをお祝いする日です。成人式では、振袖や袴を着ます。

2月

節分

3日です。炒った大豆を、「鬼は外、福は内」と言って、家の外と中にまきます。悪いものを追い出し、幸せを家に入れるという意味があります。また、自分の年齢と同じ数の豆を食べると、体が強くなるといわれています。

3月

ひな祭り（桃の節句）

3日です。女の子の成長と幸せをお祝いする日です。ひな人形やひし餅を飾ったり、ひなあられを食べます。

資料編

4月

お花見

春のはじめに桜は咲きます。桜は日本人にとって、春が来たことを知らせる、大切な花です。お花見は、桜を見て、春が来たことをお祝いする行事です。桜もちを食べたり、桜の木の下で宴会をしたりします。

5月

こどもの日

5日です。男の子の誕生をお祝いする日です。五月人形やこいのぼりを飾り、しょうぶ湯に入ります。

母の日

お母さんの日です。カーネーションを贈ります。

6月

父の日

お父さんの日です。
プレゼントなどを贈ります。

夏至

1年で昼が最も長く、夜が最も短い日です。

7月

七夕(たなばた)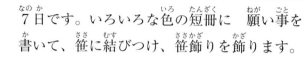
7日(なのか)です。いろいろな色(いろ)の短冊(たんざく)に願(ねが)い事(ごと)を書(か)いて、笹(ささ)に結(むす)びつけ、笹飾(ささかざ)りを飾(かざ)ります。

8月

お盆(ぼん)
13日(にち)〜15日(にち)ごろで、祖先(そせん)の霊(れい)が戻(もど)ってくると考(かんが)えられている日(ひ)です。祖先(そせん)のお墓参(はかまい)りをしたり、お供(そな)えものをしたりします（地域(ちいき)によっては、7月のところもあります）。

盆踊(ぼんおど)り
夏祭(なつまつ)りやお盆(ぼん)のときに、人(ひと)が輪(わ)になって、たいこや三味線(しゃみせん)の音(おと)に合(あ)わせて踊(おど)ります。

花火大会(はなびたいかい)
夏(なつ)には各地域(かくちいき)で花火大会(はなびたいかい)があります。浴衣(ゆかた)を着(き)て、出(で)かけます。

9月

お月見(つきみ)
9月下旬(がつげじゅん)の満月(まんげつ)の日(ひ)に、ススキとお月見(つきみ)団子(だんご)を飾(かざ)って、満月(まんげつ)を見(み)る行事(ぎょうじ)です。

敬老(けいろう)の日(ひ)
おじいさんとおばあさんの日(ひ)です。

10月

体育の日

1964（昭和39）年10月10日に、東京で オリンピックが開かれたことを 記念した日です。

11月

七五三
子どもの成長を お祝いする日です。おもに、男の子は5歳、女の子は3歳と7歳になったときに、お祝いをします。神社でお参りをして、子どもは千歳あめをもらいます。

12月

冬至
1年で 昼が最も短く、夜が最も長い日です。この日はかぼちゃを食べ、ゆずを入れたお風呂（ゆず湯）に入ります。

大晦日
12月31日です。1年の最後のこの日は、大掃除をして、新しい年を迎える準備をします。夜には、年越し蕎麦を食べて、蕎麦のように長く生きられるように、また 1年の良くないことが 自分から切りわかれるように、と願います。

●食事のマナー

お茶碗は、手に持って食べます。蕎麦などの麺類を食べるときに、音を立てることは間違った作法ではありません。

●あいさつ・おじぎのマナー

日本人は　よくおじぎをします。あいさつの言葉を言って　おじぎをすることもありますし、簡単におじぎだけをすることもあります。相手に　感謝の気持ちを伝えるときは、「ありがとうございます」と言って、おじぎをすると気持ちが伝わります。

仕事のときには「お疲れ様です（でした）」や「お先に失礼します」という言葉を　よく使います。「お疲れ様です（でした）」は、相手の仕事や苦労に　感謝の気持ちを　表し、仕事が終わったときなどに使います。先に帰るときは、まだ仕事をしている同僚や先輩に「お先に失礼します」と言いましょう。

●お金を贈るときのマナー

人が生まれてから死ぬまでの間に　いろいろな儀式や、お祝い事があり、そのときには、お金を贈ることもあります。お金を贈るときは、お祝い事なら、金や赤などの水引がついた祝儀袋に、新しいお札を入れて贈ります。人が亡くなったときや法事のときは、白と黒の水引がついた不祝儀袋に、古いお札を入れます。

●年賀状・暑中見舞い・残暑見舞い

日本には、親戚や友だちと、1年の決まった時期に はがきを送りあって、元気かどうかをたずねたり、最近のできごとや様子を 報告したりする習慣があります。

年賀状は、1年の始まりのあいさつとして送るはがきで、元日に一斉に配達されます。その年の干支などの イラストを入れます。

暑中見舞いと残暑見舞いは、夏に送るはがきで、8月7日頃（立秋）までに送るものを暑中見舞い、それ以降に送るものを 残暑見舞いと言います。

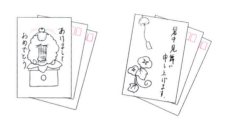

●歳祝い

節目の年に、長生きのお祝いをすることです。節目の年には、それぞれ名前がついています。

年齢	名前	年齢	名前
60歳	還暦	80歳	傘寿
66歳	緑寿	88歳	米寿
70歳	古希	90歳	卒寿
77歳	喜寿	99歳	白寿

●お寺と神社

日本では、神道と仏教などの宗教があります。

神道では、神社に行って 神様にお参りをします。神社では、おみくじを引きます。おみくじで、運勢（fortune）を占います。

仏教では、お寺に行って 仏様にお参りをします。年末に、お寺の鐘が108回鳴るのは、除夜の鐘といいます。

神社やお寺で、お守りを買って、その年の安全や健康を 神様に守ってもらえるようにします。

介護記録表の読み方

水分補給
水やお茶などを飲むこと。

排泄
尿または便をすること。回数を記録します。

投薬
薬を飲むこと。いつ飲んだか記録します。服薬ということもあります。

リハビリ
リハビリテーションのこと。

特に変化なし
何もないときに使う表現。

介護記録表

		H 年 月 日( )					
給食	朝食	主食	100	副食	100	汁物	100
	昼食		100		100		100
	夕食		100		100		100
水分補給		⑩:00		⑮:00		その他	
排泄		尿	8回	便	1回		
健康チェック		体温	36.2	脈	78		
		血圧	134 / 84				
投薬	定時	起床・㊜・㊋・㊐・寝前					
	目薬・その他	朝・昼・夕					
整容その他の介護		洗面・㊙歯磨き㊙・整容・通院 ひげ剃り・爪切り・耳掻き					
睡眠		㊕十分㊕・不眠・不穏					
入浴		布団干し・シーツ・入浴					
日常生活		居室掃除		行事参加			
		共用部掃除		趣味			
		衣類洗濯		面会			
リハビリ実施状況		㊕歩行㊕		会話		作業	
		音楽		機能		運動	
特記事項		特に変化なし					
ケアプラン							
処遇方針							

資料編

利用者氏名	浜松　太郎	様				
H　年　月　日（　）			H　年　月　日（　）			
主食 40/20/80	副食 20/20/80	汁物 100/100/100	主食 100/100/100	副食 100/100/100	汁物 100/100/100	
⑩:00	⑮:00	その他	⑩:00	⑮:00	その他	
尿	7回	便 1回	尿	8回	便 1回	
体温 36.8		脈 82	体温 36.1		脈 78	
血圧 138/86			血圧 134/84			
起床・㊝・㊙・㊞・寝前			起床・㊝・㊙・㊞・寝前			
朝・昼・夕			朝・昼・夕			
㊟面・㊟磨き・整容・㊟院			㊟面・歯磨き・整容・通院			
ひげ剃り・爪切り・耳掻き			ひげ剃り・㊟切り・㊟掻き			
㊙分・不眠・不穏			㊙分・不眠・不穏			
布団干し・シーツ・入浴			布団干し・㊟ーツ・㊟浴			
居室掃除	行事参加		居室掃除	行事参加		
共用部掃除	趣味		共用部掃除	趣味		
衣類洗濯	面会		衣類洗濯	面会		
歩行	会話	作業	歩行	㊟話	作業	
音楽	機能	運動	音楽	機能	㊟動	

10:00の水分補給時、寒気を訴え、検温37℃。居室のベッドにて休む。
16:30検温36.3℃、熱が下がった。
昼はあまり食欲がなかったようだが、夕食では食堂に行き、8割食べることができた。

入浴時、皮膚がカサカサすると訴えたので、入浴後、本人持ちの保湿クリームを塗布。
レクリエーションでは、積極的にボール遊びに参加。
鈴木さんと楽しそうに話をしていた。

〜時
「〜しているとき」のこと。

検温
体温を計ること。

寒気
寒いという意味。悪寒ともいう。

熱
体温のこと。

食欲
食べたいという気持ち。

皮膚
肌のこと。

塗布
塗ること。

〜後
〜した後の意味。反対は〜前。

ボールを使って運動したり、ゲームをしたりします。

気持ちや様子がわかるように記録します。

〜割
8割は80％のこと。
1割が10％。

薬の種類と剤型

薬には 内服薬（飲む薬）と それ以外の外用薬があります。

①内服薬

下剤（便秘の薬）、解熱剤（熱を下げる薬）、鎮痛剤（痛みをやわらげる薬）、睡眠薬（不眠症や睡眠が必要なときに飲む薬）などがあります。必ず水で飲みます。内服薬を飲む時間には、食前（食事の前）、食後（食事の後）、食間（食事と食事の間）、頓服（決まった時間ではなく、発作時や症状のひどいときなど）があります。

内服薬の形と数え方

錠剤	玉になった薬です。～錠と数えます。
粉薬	粉末の薬です。～包と数えます。
水薬	液状の薬です。～CC（目盛り～個分）などと数えます。
カプセル	カプセルに入った薬です。～カプセルと数えます。

②外用薬

皮膚に塗ったり、貼ったりする薬や、目に使う薬、肛門に入れる薬などがあります。

外用薬の形と使い方

軟膏	皮膚に塗る薬です。
湿布	皮膚に貼る薬です。貼付薬ともいいます。
点眼薬	目に使う薬です。液体になっていて目に直接たらすものと、錠剤になっていて、使うときに溶かして使うものがあります。
坐薬	肛門や膣から入れる薬です。

【参考文献】
- H. W. Heinrich, Dan Petersen, Nestor Ross : Industrial accident Prevention : asafety management approach. 5th ed. p61,Tokyo, McGraw-Hille,（1980）
- 福祉事業開業支援.com
- 『コミュニケーション技術　介護福祉養成テキストブック』野村豊子編、ミネルヴァ書房、2010年
- 『介護職員初任者研修課程テキスト1～3』日本医療企画、2018年
- 『新・介護福祉士養成講座　生活支援技術2第2版』中央法規出版、2010年
- 『絵で見てやれる新しい家庭介護のすべて』西原修造著、日本医療企画、2007年
- 『やさしい日本語とイラストでわかる　介護のしごと』堀永乃編、日本医療企画、2018年

本書に登場する人物等は実在するものではありません。

おわりに

　このテキストは、日本語教育と介護教育の分野でそれぞれ業界を牽引している2つの企業に呼びかけ、開発が進められたものです。おそらく、出版業界としても初めての試みだったのではないでしょうか。基礎的日本語を学んだ外国人の皆さんが、専門課程である基礎的介護を学ぶ際に、どのような日本語を使って、どのような行為を達成したら良いのか、どのように伝えたら良いのか。それを考えた結果、1本のテキストが2つの内容をつなぎ学ぶことができるような構成になっています。そうした試みに対して、快諾をしてくださった2つの異なる出版社さんに、心から敬意と感謝を申し上げます。

　さて、私たちはいよいよ外国人労働者を正面から迎えることになります。アジア諸国から日本を選び、日本で自己実現を果たそうとしている若き人材に対して、私たちは何をすべきでしょうか。

　日本政府は2018年12月に「外国人材の受入れ・共生のための総合的対応策（案）」を発表しました。そのなかに「心のバリアフリー」の取り組みを促進するとあります。私たち日本国民は、これからの日本社会を支え、未来を創る一員として外国人を受け入れ、その人たちとともに、持続可能な社会を構築していく必要があります。そのためにも、私たちは、国籍や性別や年齢などの人の多様性を活かしたダイバーシティを推進しなければなりません。介護施設ではダイバーシティ戦略として、外国人の長所を活かした運営に取り組んでいただきたいと思います。介護施設の職員の皆さんには、わかりやすい日本語を使って話したり、イラストやジェスチャーを使ったりして豊かなコミュニケーションを図って、良好な人間関係を育んでいただきたいと思います。一方、外国人介護人材の皆さんには、介護の仕事だけではなく、地域の行事やイベントなどにも積極的に参加してほしいです。そして、ともに地域社会に貢献できる人になりましょう。

　介護をする人も、介護をされる人も、幸せな日々でありますように。このテキストを通して学んだ外国人の皆さんが、日本の各地域で自分らしく、キラキラと輝く仕事に励むことができることをこころより祈っております。

2019年1月31日
堀　永乃

索引

にほんご	日本語	英語	ページ

【アルファベット】

にほんご	日本語	英語	ページ
オー イチ ゴ ナナ	O157	O one five seven	11
キュウ オー エル	QOL（Quality of Life）	Quality of Life	3

【あ行】

にほんご	日本語	英語	ページ
アスペルガーしょうこうぐん	アスペルガー症候群	Asperger syndrome	43
アセスメント	アセスメント	assessment	19
アルコールいぞんしょう	アルコール依存症	alcoholism	42
アルツハイマーがたにんちしょう	アルツハイマー型認知症	Alzheimer dementia	37
いこうい	医行為	medical activity	29
いしき	意識	consciousness	32
いしきのバリア	意識のバリア	barrier of consciousness	24
いどう	移動	movement	62
インクルージョン	インクルージョン	inclusion	42
インフルエンザ	インフルエンザ	influenza	11
うんどうりょうほう	運動療法	exercise therapy	35
えいようそ	栄養素	nutrient	96
えし	壊死	necrosis	166
えんげしょうがい	嚥下障害	dysphagia	36
えんげたいそう	嚥下体操	swallowing gymnastics	101
えんめいちりょう	延命治療	life-prolonging treatment	23, 177
おむつ	おむつ	diapers	108
おむつこうかん	おむつ交換	diaper changing	116

【か行】

にほんご	日本語	英語	ページ
かいごかてい	介護過程	care-giving process	19
かいごけいかく	介護計画	care plan	19
かいせん	疥癬	scabies	11
がくしゅうしょうがい	学習障害	learning disturbance	43
かんせつ	関節	joint	28, 33
かんせつつう	関節痛	arthralgia	36
かんせつリウマチ	関節リウマチ	rheumatoid arthritis	36
かんせんけいろ	感染経路	infection route	11
かんせんげん	感染源	source of infection	11
かんせんしょう	感染症	infectious disease	11
かんせんしょうのよぼう	感染症の予防	prevention of infectious diseases	10, 11, 15

にほんご	日本語	英語	ページ
かんぞうびょう	肝臓病	liver disease	35
かんそく	患側	affected side	80
かいよう	潰瘍	canker	166
きおくしょうがい	記憶障害	memory disorder	37
きざい	起座位	sitting up position	69
きぶんしょうがい	気分障害	mood disorder	42
きほんてきじんけん	基本的人権	fundamental human rights	2
ぎょうがい	仰臥位	spine position	69
きょうしんしょう	狭心症	angina	34
きょしつ	居室	room	2
きろく	記録	record	113
きかいよく	機械浴	machinery bath	150
ぎし	義歯	denture	173
くつうかんわ	苦痛緩和	pain palliation	23, 177
くもまくかしゅっけつ	くも膜下出血	subarachnoid hemorrhage	34
くるまいす	車いす	wheelchair	83, 84
けつあつ	血圧	blood pressure	28, 32
けつえきとうせき	血液透析	hemodialysis	35
げんかく	幻覚	hallucination	37
げんごきのう	言語機能	language function	33
げんごてきコミュニケーション	言語的コミュニケーション	verbal communication	52
げんし	幻視	visual hallucination	37
けんそく	健側	unaffected side	80
けんとうしきしょうがい	見当識障害	impaired orientation	37
こうおんしょうがい	構音障害	articular disorder, dysarthria	33, 35
こうけつあつしょう	高血圧症	hypertension	35
こうどうしょうじょう	行動症状	behavioral symptoms	38
こうれいしゃぎゃくたい	高齢者虐待	elder abuse	24
こきゅう	呼吸	respiration	28, 32
ごにん	誤認	mistaking	37
コミュニケーション	コミュニケーション	communication	48, 52, 53, 56, 57
ごえん	誤嚥	aspiration	102
こうくうケア	口腔ケア	oral care	172, 173
ごえんせいはいえん	誤嚥性肺炎	aspiration pneumonia	172

【さ行】

ざんぞんのうりょく	残存能力	residual ability	24
しかくしょうがい	視覚障害	visually impaired	57

にほんご	日本語	英語	ページ
じこじつげん	自己実現	self-realization	2, 23, 177
じこせんたく	自己選択	self-selection	24
しじきていめん	支持基底面	base of support	68
ししつ	脂質	lipid	96
ししゅうびょう	歯周病	periodontal disease	35
しせい	姿勢	posture	101
しつごしょう	失語症	aphasia	33, 35, 57
しびれ	しびれ	numbness	33
じへいしょう	自閉症	autism	42
しゃかいさんか	社会参加	social participation	62
じゃくねんせいにんちしょう	若年性認知症	early-onset dementia	37
しゅうちしん	羞恥心	shame	108
しゅうへんしょうじょう	周辺症状	behavioral and psychological symptoms of dementia	38
しゅうまつきケア	終末期ケア	terminal care	177
しゅさい	主菜	main dish	96
しゅしょく	主食	staple food	96
しゅよく	手浴	hand bath	159
しゅわ	手話	sign language	52, 56
しょうがいじゅよう	障害受容	acceptance of disability	43
じょうほうのバリア	情報のバリア	barrier of information	24
しょくぎょうりんり	職業倫理	professional ethics	7
しょくじ	食事	meal	33
しょくじりょうほう	食事療法	diet remedy	35
じょくそう	褥瘡	bedsore, decubitus	74, 114, 162, 166
しょくちゅうどく	食中毒	food poisoning	11
しょくぶつせいしょくひん	植物性食品	food of plant origin	96
じりつしえん	自立支援	self-reliance support	23
じりつ（じりつ）	自立（自律）	self-reliance（autonomy）	2
じりつしんけい	自律神経	autonomic nerves	29
しりょく	視力	eyesight	33
しるもの	汁物	soup	96
しんきんこうそく	心筋梗塞	myocardial infarction	34
しんしっかん	心疾患	cardiac disease, heart disease	34
じんぞうびょう	腎臓病	renal disease	35
じんたいのこっかく	人体の骨格	human skeleton	28
しんらいかんけい	信頼関係	trust relationship	48, 53

にほんご	日本語	英語	ページ
しんりしょうじょう	心理症状	psychological symptoms	38
じょくそう	褥瘡	bedsore, decubitus	
すいこうきのうしょうがい	遂行機能障害	executive dysfunction	37
すいみん	睡眠	sleep	33
ストレス	ストレス	stress	15
すいぶんほきゅう	水分補給	hydration	140, 141, 145, 155
せいじょうあつすいとうしょう	正常圧水頭症	normal pressure hydrocephalus	37
せいかつしゅうかんびょう	生活習慣病	life-style disease	34
せいしんしょうがい	精神障害	mental disorder	42, 57
せいどのバリア	制度のバリア	barrier system	23
せいしき	清拭	bed bath	160, 161
ぜんとうそくとうようへんせいしょう（ピックびょう）	前頭側頭葉変性症（ピック病）	frontotemporal lobar degeneration (Pick's disease)	37
そうようしょう	掻痒症	pruritus	36
そくがい	側臥位	lateral (recumbent) position	69
そんげん	尊厳	dignity	2, 23
そくよく	足浴	foot bath	159

【た行】

たいいへんかん	体位変換	change of position	74, 166
たいおん	体温	body temperature	28, 32
だっすいしょう	脱水症	dehydration, hydration	35
たんざい	端座位	squarely sitting position (on a bed)	70
たんすいかぶつ	炭水化物	carbohydrate	96
たんぱくしつ	たんぱく質	protein	96
だっけんちゃっかん	脱健着患	putting clothes from the affected side and taking them from the unaffected side first	129
ちてきしょうがい	知的障害	intellectual impairment, mental retardation	42, 57
ちゅういけっかんたどうせいしょうがい	注意欠陥多動性障害	attention defect/hyperactivity disorder	43
ちゅうかくしょうじょう	中核症状	core features of dementia	38
ちょうかく	聴覚	auditory	33
ちょうかく・げんごしょうがいしゃ	聴覚・言語障害者	hearing impaired person/speech impaired person	56
ちょうざい	長座位	sitting position with extending lower limbs on a bed	69

にほんご	日本語	英語	ページ
チェアーよく	チェアー浴	chair bath	154
てあらい	手洗い	wash hands	11, 12
ていえいよう	低栄養	undernutrition, malnutrition	33, 36
てんとう	転倒	falling	33
とうごうしっちょうしょう	統合失調症	schizophrenia	42
とうにょうびょう	糖尿病	diabetes	35
どうぶつせいしょくひん	動物性食品	animal foods	96

【な行】

にほんご	日本語	英語	ページ
なんちょう	難聴	hearing loss	56
にょう	尿	urine	108, 113
にょうき	尿器	genitourinary	115
にょう・べん	尿・便	urine/feces	32
にゅうよく	入浴	bathing	140, 141, 145, 146
にんちしょう	認知症	dementia, cognitive impairment	36, 37
のうけっかんしっかん	脳血管疾患	cerebrovascular disease	34
のうけっかんせいにんちしょう	脳血管性認知症	cerebrovascular dementia	37
のうこうそく（のうけっせん、のうそくせん）	脳梗塞（脳血栓、脳塞栓）	cerebral infarction（cerebral thrombosis, cerebral embolism）	34
のうしゅっけつ	脳出血	cerebral hemorrhage	34
ノーマライゼーション	ノーマライゼーション	normalization	3, 42
ノロウイルス	ノロウイルス	norovirus	11

【は行】

にほんご	日本語	英語	ページ
バイタルサイン	バイタルサイン	vital signs	27
はいようしょうこうぐん	廃用症候群	disuse syndrome	34, 62
ハインリッヒのほうそく	ハインリッヒの法則	Heinrich law	10
はくないしょう	白内障	cataract	36
はったつしょうがい	発達障害	developmental disorder	42
バリアフリー	バリアフリー	barrier-free	24
はんざい	半座位	Fowler position	69
ひいこうい	非医行為	non-medical activity	29
ひげんごてきコミュニケーション	非言語的コミュニケーション	non-verbal communication	52
ひげんごてきしゅだん	非言語的手段	non-verbal means	57
ひつだん	筆談	written communication	56
ヒヤリ・ハットたいけん	ヒヤリ・ハット体験	near-miss incident, medical incident	11

にほんご	日本語	英語	ページ
ひょうか	評価	evaluation	19
びょうげんたい	病原体	pathogen	11
ひょうじょう・かおいろ	表情・顔色	facial expression/complexion	32
ビタミン	ビタミン	vitamin	96
べん	便	feces	108, 113
ふあんぜんこうどう	不安全行動	unsafe practices	10
ふあんぜんじょうたい	不安全状態	unsafe conditions	10
ふくがい	腹臥位	prone position	69
ふくさい	副菜	side dish	96
ふくしようぐ	福祉用具	assistive equipment for disables	83
ふしゅ（むくみ）	浮腫（むくみ）	edema	32
ぶつりてきバリア	物理的バリア	physical barrier	23
プライバシー	プライバシー	privacy	7, 108, 113
へいねつ	平熱	normal temperature	32
べんき	便器	urinal	115
へんけいせいしつかんせつしょう	変形性膝関節症	osteoarthritis of the knee	36
ほきんしゃ	保菌者	carrier	11
ほこう	歩行	walking	33, 80
ほこうしょうがい	歩行障害	gait disturbance	36
ボディメカニクス	ボディメカニクス	body mechanics	67, 68
ポータブルトイレ	ポータブルトイレ	portable toilet	108, 114

【ま行】

まひ	まひ	paralysis	63
まんせいこうまくかけっしゅ	慢性硬膜下血腫	chronic subdural hematoma	37
みじたく	身じたく	outfitting, dressing	124
みとり	看取り	end-of-life care	177
みゃくはく	脈拍	pulse rate	28, 32
むきしつ	無機質	inorganic	96
めまい	めまい	dizziness	33
メンタルヘルスケア	メンタルヘルスケア	mental health care	15

【や行】

やくぶつりょうほう	薬物療法	drug treatment	35
よぼうせっしゅ	予防接種	vaccination	11

にほんご	日本語	英語	ページ
【ら行】			
リスクマネジメント	リスクマネジメント	risk management	10
りつい	立位	standing position	70
レビーしょうたいがたにんちしょう	レビー小体型認知症	dementia with Levy bodies	37

【編著者紹介】

堀　永乃

一般社団法人グローバル人財サポート浜松代表理事。一般財団法人自治体国際化協会地域国際化推進アドバイザー。文化庁地域日本語教育アドバイザー。企業勤務の傍らボランティア活動を経て、2001年より公益財団法人浜松国際交流協会で日本語教育や交流等の事業の企画と運営に携わる。リーマンショック後は在日外国人の就労支援に取り組み、2011年にグローバル人財サポート浜松を立ち上げる。現在、外国人の介護職員初任者研修や企業内日本語教育、大学生を対象にした次世代育成を行う。このほか全国の自治体、国際交流協会などでの研修や講演も行う。第11回（2017年）かめのり賞〈かめのりさきがけ賞〉受賞、2018年度国際交流基金地球市民賞受賞。

やさしい日本語とイラストで学ぶ　みんなの介護
【外国人人材向け　介護導入講習テキスト】

2019年2月21日　第1版第1刷発行

編著者　堀　永乃
発行者　林　諄
発行所　株式会社日本医療企画
　　　　〒101-0033　東京都千代田区神田岩本町4-14　神田平成ビル
　　　　TEL. 03-3256-2861（代表）　FAX. 03-3256-2865
印刷所　大日本印刷株式会社

表紙イラスト・佐藤まな美、本文イラスト・佐藤加奈子、望月萌香

ISBN978-4-86439-783-4　C3036　　　　　　　　©Hisano Hori　2019, Printed in Japan
（定価は表紙に表示しています）
本書の全部または一部の複写・複製・転訳等を禁じます。これらの許諾については小社までご照会ください。